GRIN Verlag

„Bücher sind wie Fallschirme. Sie nützen uns nichts, wenn wir sie nicht öffnen."

Gröls Verlag

Redaktionelle Hinweise und Impressum

Das vorliegende Werk wurde zugunsten der Authentizität sehr zurückhaltend bearbeitet. So wurden etwa ursprüngliche Rechtschreibfehler *nicht* systematisch behoben, denn kleine Unvollkommenheiten machen das Buch – wie im Übrigen den Menschen – erst authentisch. Mitunter wurden jedoch zum Beispiel Absätze behutsam neu getrennt, um den Lesefluss zu erleichtern.

Um die Texte zu rekonstruieren, werden antiquarische Bücher von Lesegeräten gescannt und dann durch eine Software lesbar gemacht. Der so entstandene Text wird von Menschen gegengelesen und korrigiert – hierbei treten auch Fehler auf. Wenn Sie ebenfalls antiquarische Texte einreichen möchten, finden Sie weitere Informationen auf www.groels.de

Viel Freude bei der Lektüre wünscht Ihnen das Team des Gröls-Verlags.

Adressen

Verleger: Sophia Gröls, Im Borngrund 26, 61440 Oberursel

Externer Dienstleister für Distribution & Herstellung: BoD, In de Tarpen 42, 22848 Norderstedt

Unsere „Edition | Werke der Weltliteratur“ hat den Anspruch, eine der größten und vollständigsten Sammlungen klassischer Literatur in deutscher Sprache zu sein. Nach und nach versammeln wir hier nicht nur die „üblichen Verdächtigen“ von Goethe bis Schiller, sondern auch Kleinode der vergangenen Jahrhunderte, die – zu Unrecht – drohen, in Vergessenheit zu geraten. Wir kultivieren und kuratieren damit einen der wertvollsten Bereiche der abendländischen Kultur. Kleine Auswahl:

Francis Bacon • Neues Organon • **Balzac** • Glanz und Elend der Kurtisanen • **Joachim H. Campe** • Robinson der Jüngere • **Dante Alighieri** • Die Göttliche Komödie • **Daniel Defoe** • Robinson Crusoe • **Charles Dickens** • Oliver Twist • **Denis Diderot** • Jacques der Fatalist • **Fjodor Dostojewski** • Schuld und Sühne • **Arthur Conan Doyle** • Der Hund von Baskerville • **Marie von Ebner-Eschenbach** • Das Gemeindekind • **Elisabeth von Österreich** • Das Poetische Tagebuch • **Friedrich Engels** • Die Lage der arbeitenden Klasse • **Ludwig Feuerbach** • Das Wesen des Christentums • **Johann G. Fichte** • Reden an die deutsche Nation • **Fitzgerald** • Zärtlich ist die Nacht • **Flaubert** • Madame Bovary • **Gorch Fock** • Seefahrt ist not! • **Theodor Fontane** • Effi Briest • **Robert Musil** • Über die Dummheit • **Edgar Wallace** • Der Frosch mit der Maske • **Jakob Wassermann** • Der Fall Maurizius • **Oscar Wilde** • Das Bildnis des Dorian Grey • **Émile Zola** • Germinal • **Stefan Zweig** • Schachnovelle • **Hugo von Hofmannsthal** • Der Tor und der Tod • **Anton Tschechow** • Ein Heiratsantrag • **Arthur Schnitzler** • Reigen • **Friedrich Schiller** • Kabale und Liebe • **Nicolo Machiavelli** • Der Fürst • **Gotthold E. Lessing** • Nathan der Weise • **Augustinus** • Die Bekenntnisse des heiligen Augustinus • **Marcus Aurelius** • Selbstbetrachtungen • **Charles Baudelaire** • Die Blumen des Bösen • **Harriett Stowe** • Onkel Toms Hütte • **Walter Benjamin** • Deutsche Menschen • **Hugo Bettauer** • Die Stadt ohne Juden • **Lewis Caroll** • *und viele mehr….*

Anton Tschechow

Drei Schwestern

Inhalt

Personen

Andrej Sergejewitsch Prosorow.	
Olga **Mascha** **Irina**	seine Schwestern.
Fedor Iljitsch Kulygin,	Maschas Gatte.
Natascha,	Andrejs Braut, später seine Gattin.
Alexander Ignatjewitsch Werschinin,	Oberstleutnant und Batteriechef.
Iwan Romanowitsch Tschebutykin,	Militairarzt.
Baron Tusenbach **Soljony** **Rode** **Fedolik**	Offiziere.
Anfissa,	eine alte Kinderfrau.
Ferapont,	ein Diener.
Offiziere.	
Dienerschaft.	

Zeit: Gegenwart. Ort der Handlung: Eine größere Garnisonstadt im Osten Rußlands.

Erster Act

Im Hause der Prosorows. Gastzimmer, das durch Säulen vom Saal geschieden ist; draußen ist es heiter, sonnig. Man sieht, wie im Saal der Frühstückstisch gedeckt wird.

1. Auftritt

Olga *(im blauen Uniformkleid einer Lehrerin am Mädchengymnasium);* **Mascha** *(im schwarzen Kleide, den Hut auf den Knieen, sitzt und liest in einem Buche);* **Irina** *(im weißen Kleide, steht sinnend da.)*

Olga. Heut' vor einem Jahr ist der Vater gestorben – gerade an Deinem Namenstag, Irina, am fünften Mai. Es war sehr kalt an dem Tage – es schneite sogar. Ich glaubte nicht, daß ich's überleben würde, – Du lagst ohnmächtig da, wie tot. Und nun ist kaum ein Jahr vergangen – und wir reden davon so gleichgiltig, Du hast schon Dein weißes Kleid an, und Dein Gesicht strahlt. *(Die Uhr schlägt zwölf.)* Auch damals schlug gerade die Uhr. *(Pause.)* Ich erinnere mich noch – wie sie den Vater hinaustrugen, spielte die Militärcapelle, und auf dem Friedhof wurde geschossen. Merkwürdig übrigens: Er war doch General und Brigadekommandeur, und doch waren nur wenig Leute am Grabe. Allerdings fiel an dem Tage ein starker Regen – Regen und Schnee …

Irina Wozu die Erinnerung auffrischen!

2. Auftritt

Olga, Mascha, Irina; *an der Tafel im Saale erscheinen* ***Baron Tusenbach, Tschebutykin*** *und* ***Soljony.***

Olga. Heut' ist's warm, man kann die Fenster weit aufmachen – und doch haben die Birken noch nicht ausgeschlagen. Genau elf Jahre ist's her, daß der Vater die Brigade bekam und wir von Moskau abreisten. Ich hab's noch ganz frisch im Gedächtnis.: Es war Anfang Mai, und in Moskau prangte schon alles in schönster Blüte. So warm war's, alles von Sonnenschein übergossen. Elf Jahre sind seither vergangen – und ich erinnere mich noch an alles so genau, als ob wir erst gestern abgereist wären. Du mein Gott! Wie ich heut' morgen erwachte und die hereinflutende Lichtmasse und den Frühling draußen sah – da ward meine Seele von Freude erfüllt, und ich empfand eine heiße Sehnsucht nach der Heimat.

Tschebutykin. *(im Saal).* Nein, so'n Teufelskerl!

Tusenbach Ist natürlich alles Unsinn!

Mascha *(nachdenklich über das Buch gebeugt, pfeift leise eine Melodie).*

Olga. Pfeif' nicht, Mascha. Wie kann man nur ... *(Pause.)* Dieser Dienst im Gymnasium, dieses Stundengeben bis zum späten Abend verursacht mir ewig Kopfschmerzen. Ich glaube wirklich, ich werde schon alt. Während der

vier Jahre, seit ich angestellt bin, ist mir's immer, als ob meine Kraft und meine Jugend Tag für Tag tropfenweise hinschwänden. Und nur ein Gedanke wächst und erstarrt in mir beständig ...

Irina. Nach Moskau zurückzukehren. Das Haus verkaufen, alles hier aufgeben – und dann nach Moskau ...

Olga. Ja – so bald wie möglich! Nach Moskau! *(Tschebutykin und Tusenbach lachen.)*

Irina. Unser Bruder wird wahrscheinlich bald Professor werden – denn der darf doch auf keinen Fall hier versauern! Bleibt nur die arme Mascha übrig.

Olga. Mascha kommt jedes Jahr zu uns nach Moskau, für den ganzen Sommer.

Mascha *(pfeift leise eine Melodie).*

Irina Mit Gottes Hilfe wird sich schon alles ordnen lassen. *(Schaut zum Fenster hinaus.)* Ein Prachtwetter ist das heut'. Ich weiß nicht, warum ich so froh gestimmt bin! Heut' morgen fiel mir ein, daß mein Namenstag ist, und mit einem Mal empfand ich eine solche Freude, und ich gedachte meiner Kinderjahre, da Mama noch lebte. Was für wunderbare Gedanken gingen mir durch den Kopf – was für Gedanken!

Olga. Du strahlst heut übers ganze Gesicht, ausnahmsweise hübsch bist du. Auch Mascha ist hübsch, und Andrej wäre ein schöner Mann, wenn er nicht so stark geworden wäre. Das steht ihm gar nicht zu Gesichte. Und ich – ich bin alt geworden, und so abgemagert bin ich, jedenfalls vom Ärger mit den Mädchen im Gymnasium. Heut' bin ich frei und kann zu Hause bleiben – da hab' ich auch gleich keine Kopfschmerzen und fühle mich jünger als gestern. Achtundzwanzig Jahre bin ich nun alt ... Alles ist schließlich gut, alles kommt von Gott – ich glaube aber: wenn ich verheiratet wäre und den ganzen Tag in meinem Heim zubringen könnte, – ich würde mich wohler dabei fühlen. *(Pause.)* Ich würde meinen Mann lieben.

Tusenbach *(zu Soljony).* Sie reden einen Unsinn zusammen – 's wird einem über, Ihnen zuzuhören. *(Tritt in das Gastzimmer ein.)* Ich hab' ja ganz vergessen: unser Batterie-Chef Werschinin wird Ihnen heut' seine Visite machen. *(Setzt sich ans Clavier.)*
Olga. Ah, sehr angenehm.
Irina. Ist er alt?
Tusenbach. Nein, in den besten Jahren. Höchstens vierzig, fünfundvierzig Jahre. *(Klimpert leise.)* Scheint ein famoser Kerl. Nicht dumm – das ist sicher. Nur spricht er etwas viel.
Irina. Ist er interessant?
Tusenbach. Es macht sich. Etwas stark verehelicht ist er: Frau, Schwiegermutter und zwei Töchter. Übrigens ist er schon zum zweiten Mal verheiratet. Überall, wo er Besuch macht, erzählt er, daß er eine Frau und zwei Töchter hat. Auch hier wird er's erzählen. Die Frau ist halb verrückt, trägt einen langen Zopf, wie ein Mädchen, spricht lauter hochtrabendes Zeug, philosophiert und macht jeden Augenblick einen Selbstmordversuch, jedenfalls, um ihren Mann zu ärgern. Ich wäre längst fortgelaufen von einer solchen Frau, er aber trägt es und beklagt sich nur darüber.
Soljony *(tritt mit Tschebutykin aus dem Saal ins Gastzimmer).* Mit einer Hand heb' ich nur anderthalb Pud, mit zweien dagegen fünf, ja sogar sechs Pud. Daraus schließe ich, daß zwei Menschen nicht nur doppelt, sondern sogar dreimal so stark sind als einer, oder vielleicht noch stärker ...
Tschebutykin. *(liest im Gehen die Zeitung „Swjet“).*
Gegen Ausfallen der Haare ... zwei Drittel Lot Naphtalin auf ein halbes Quart Spiritus ... aufzulösen und täglich zu gebrauchen

... *(Macht sich Notizen in ein Taschenbuch; zu Soljony.)* Ich sag' Ihnen also: das Fläschchen wird gut zugekorkt, und durch den Korken wird ein Glasröhrchen gesteckt ... und dann nehmen Sie ein kleines Quantum ganz gewöhnlichen Alaun ...

Irina. Iwan Romanytsch! Lieber Iwan Romanytsch!

Tschebutykin. Was denn, mein Kindchen, mein liebes, gutes Herzchen?

Irina. Sagen Sie mal – warum bin ich heut' so glücklich? Als wenn ich auf dem Meer dahinsegelte: über mir dehnt sich der weite blaue Himmel, und große weiße Vögel
schweben durch die Lüfte. Warum ist das nur so? Warum?

Tschebutykin. *(küßt ihr zärtlich beide Hände).* Mein weißer Vogel!

Irina.

Wie ich heut' früh erwachte, aufstand und mich wusch, da war's mir mit einem Mal, als wäre mir alles auf dieser Welt hier klar, als wüßte ich, wie man leben soll. Ich weiß jetzt alles, lieber Iwan Romanytsch. Der Mensch soll sich beschäftigen, soll arbeiten im Schweiße seines Angesichts, wer er auch sei, und darin allein liegt der Sinn und das Ziel seines Lebens, sein Glück, sein Triumph. Wie schön ist es doch, ein Arbeiter zu sein, der mit Tagesanbruch aufsteht und auf der Straße Steine klopft, oder ein Hirt, oder ein Lehrer, der Kinder unterrichtet, oder ein Locomotivführer. Ja es ist, bei Gott, besser, ein Ochse zu sein oder ein ganz gewöhnliches Lastpferd, das doch seine Arbeit thut, als eine junge Dame, die mittags um zwölf Uhr aufsteht, im Bett ihren Kaffee trinkt, dann sich zwei Stunden lang anzieht ... o, wie schrecklich ist das! Ich dürste förmlich nach Arbeit – wie man bei großer Hitze nach einem Schluck Wasser dürstet. Und wenn ich von jetzt ab nicht früh aufstehen und arbeiten werde, – dann dürfen Sie mir Ihre Freundschaft kündigen, Iwan Romanytsch!

Tschebutykin. *(zärtlich).*

Gewiß, gewiß, ich werde sie Ihnen kündigen ...

Olga. Der Vater hat uns daran gewöhnt, um sieben Uhr aufzustehen. Jetzt erwacht **Irina** um sieben Uhr, liegt aber wenigstens bis neun Uhr im Bett und simuliert über irgend etwas. Und so ein ernstes Gesicht macht sie dabei!

Irina. Du hast Dich eben daran gewöhnt, mich als kleines Mädchen zu betrachten, und wunderst Dich, wenn ich ein ernstes Gesicht mache! Ich bin doch zwanzig Jahre alt!

Tusenbach. Sehnsucht nach der Arbeit! O mein Gott, wie kann ich dieses Gefühl begreifen! Ich habe nie im Leben gearbeitet! Ich bin in dem kalten, trägen Petersburg geboren, in einer Familie, die niemals Arbeit oder irgend welche Sorgen gekannt hat. Ich erinnere mich noch, wie ich aus dem Cadetten-Corps nach Hause kam: der Lakai zog mir die Stiefel aus, ich quälte alle Welt mit meinen Launen, und meine Mutter sah mit förmlicher Ehrfurcht zu mir auf und war höchst erstaunt, wenn andere nicht dasselbe thaten. Man suchte mich auf jede Weise vor Arbeit zu bewahren. Aber auf die Dauer ist's doch nicht gelungen. – Diese Zeiten sind vorüber, und ein reinigender, kräftiger Sturm bereitet sich vor, der von unserer Gesellschaft die Trägheit, die Gleichgiltigkeit, das Vorurteil gegen die Arbeit, die faule Langeweile hinwegblasen wird. Ich für meinen Teil werde arbeiten, und in fünfundzwanzig bis dreißig Jahren wird jeder Mensch arbeiten. Jeder!

Tschebutykin. Ich werde nicht arbeiten.
Tusenbach. Sie kommen nicht in Betracht.
Soljony. In fünfundzwanzig Jahren werden Sie, Gott sei Dank, nicht mehr auf der Welt sein. Sie gehen entweder in zwei, drei Jahren an Ihrem Spleen zu Grunde, oder
ich werde mal wütend und schiess' Ihnen eine Kugel durch den Kopf.
Tschebutykin *(lacht).* Und ich habe thatsächlich nie in meinem Leben 'was gethan. Seit ich von der Universität fort bin, hab' ich nicht 'nen Finger gerührt, nicht ein Buch angesehen – höchstens die Zeitungen hab' ich gelesen. *(Zieht eine Nummer des „Nowoje Wremja" aus der Tasche.)* Ich weiß alles aus den Zeitungen – z. B., daß es einen Schriftsteller Dobroljubow gegeben hat; aber was er geschrieben hat – davon hab' ich keine Ahnung ... Der liebe Gott mag's wissen ... Mein Lebtag hab' ich nichts gethan, und doch hab' ich nie zu etwas Zeit gehabt ... *(Von der unteren Etage aus wird gegen den Fußboden geklopft.)* Da, sehen Sie ... man ruft mich unten schon wieder – wahrscheinlich ist jemand zu Besuch da. Ich komm' gleich zurück ... warten Sie ... *(Eilt hastig davon, kämmt sich dabei den Bart.)*

3. Auftritt

Olga, Mascha, Irina, Tusenbach, Soljony.
Irina. Er hat wieder irgend 'was ausgeheckt.
Tusenbach. Ja. Er ging mit so feierlicher Miene fort – jedenfalls wird er Ihnen gleich irgend ein Präsent bringen.
Irina. Ach ... wie unangenehm!

Olga. Ja, es ist schrecklich. Er macht immer Dummheiten.

Mascha. "Ein Eichbaum grünt am Meeresstrande, ein goldnes Kettlein hängt daran ... ein goldnes Kettlein hängt daran ... *(Erhebt sich und singt leise.)* "

Olga. Du bist heut' in schlechter Stimmung, Mascha!

Mascha *(Singt leise vor sich hin, setzt sich den Hut auf).*

Olga. Wohin willst Du denn?

Mascha. Nach Hause.

Irina. Du bist doch sonderbar!

Tusenbach. Wie können Sie schon gehen – heut' am Namenstag!

Mascha. Das macht doch nichts! ... Ich komm' übrigens am Abend wieder. Adieu, mein schönes Schwesterchen! *(Sie küßt Irina.)* Ich wünsch' Dir noch einmal: bleib' gesund und werde glücklich! Früher, wie Papa noch lebte, kamen immer dreißig, vierzig Offiziere, wenn bei uns Namenstag war, und 's ging fidel zu. Heut' – sind kaum anderthalb Mann da, und still ist's, wie in einer Wüste ... ich geh' ... Bin heute nicht bei Stimmung, hab' meinen melancholischen Tag – nimm's mir nicht übel. *(Lacht unter Thränen.)* Abends wollen wir plaudern – jetzt leb' wohl, meine Liebe. Ich will fort ... irgend wohin ...

Irina *(unzufrieden).* Nein, Du bist wirklich ...

Olga *(unter Thränen).* Ich verstehe Dich, Mascha.

Soljony. Wenn ein Mann philiosophiert, kommt manchmal schon recht nettes Zeug zum Vorschein; wenn aber eine Frau oder aber gar *zwei* Frauen philosophieren – na, da kann man gleich auf die Bäume klettern!

Mascha. Was wollen Sie damit sagen, Sie ganz abscheulicher Mensch?

Soljony. Nichts weiter. „Kaum hatte er noch ach! gesagt, als ihn der Bär am Halse packt.“ *(Pause.)*

Mascha *(zu **Olga**, ärgerlich).* So flenne doch nicht! *(Anfissa und Ferapont kommen mit einer Torte herein.)*

4. Auftritt

Olga, Mascha, Irina, Tusenbach, Soljony, Anfissa, Ferapont.

Anfissa. Hier herein, mein Lieber! Geh' nur 'rein, hast ja saubre Stiefel. *(Zu Irina.)* Aus dem Landschaftsamt, von Michail Iwanytsch Protopopow ... eine Pastete.

Irina. Ach, wie liebenswürdig! Sag', ich lasse schön danken! *(Nimmt die Torte in Empfang.)*

Ferapont. Was?

Irina *(lauter).* Ich lasse schön danken.

Olga *(zu Anfissa).* Altchen, gieb ihm doch ein Stück Pastete! Geh' mit, Ferapont, Du bekommst Pastete!

Ferapont. Was?

Anfissa. Komm', Väterchen Ferapont Spiridonitsch. Komm'! *(Ab mit Ferapont.)*

Mascha. Ich kann Protopopow nicht leiden – diesen Michail Potapitsch oder Iwanytsch. Ihr hättet ihn nicht einladen sollen.

Irina. Ich hab' ihn auch nicht eingeladen.

Mascha. Das war recht. *(Tschebutykin tritt ein, in Begleitung eines Soldaten, der einen silbernen Samowar trägt; allgemeines Erstaunen und Unzufriedenheit.)*

5. Auftritt

Olga, Mascha, Irina, Tusenbach, Soljony, Tschebutykin, später **Anfissa.**

Olga *(bedeckt ihr Gesicht mit den Händen).* Seinen Samowar! Es ist unglaublich! *(Geht an den Tisch im Saal.)*

Irina. Aber liebster Iwan Romanytsch – was machen Sie denn da?

Tusenbach *(lachend.)* Ich sagte es Ihnen ja!

Mascha. Iwan Romanytsch, Sie besitzen einfach keine Scham.

Tschebutykin. Meine Lieben, meine Schönen – Sie sind doch für mich das Einzige, das Teuerste, was ich auf der Welt noch habe! Ich bin nun bald sechzig, bin ein alter Mann, ein armseliger, verlassener Greis ... Nichts Gutes giebt's an mir, außer dieser Liebe zu Ihnen – wenn Sie nicht wären, würde ich längst nicht mehr auf der Welt sein ... *(Sieht sich um.)* Was soll mir dieser Kram? Was soll er mir? *(Zu Irina.)* Mein liebes, gutes Kind, ich habe Sie gekannt vom Tage Ihrer Geburt an ... ich habe Sie auf meinen Armen getragen ... ich hab' Ihre verstorbene Mama so gern gehabt ...

Irina. Aber warum denn solche kostbaren Geschenke?

Tschebutykin *(ärgerlich, unter Thränen).* Kostbare Geschenke ... Geh'n Sie mir doch weg! *(Zu dem Burschen, in den Saal zeigend.)* Trag' den Samowar dort hinein ... *(Spricht ihr spöttisch nach.)* Kostbare Geschenke ... *(Der Bursche trägt den Samowar in den Saal. Anfissa tritt in das Gastzimmer ein.)*

Anfissa. Meine Lieben, ein fremder Oberst ist da! Er hat schon den Paletot abgelegt, Kinderchen, und kommt hier herein! *(Zu*

Irina.) Sei nur recht freundlich, recht, Arinuschka! ... *(Ab; im Abgehen.)*
's ist auch Zeit zum Frühstücken ... o Gott ...
Tusenbach. Jedenfalls Werschinin ... *(Werschinin tritt ein.)*

6. Auftritt

Olga, Mascha, Irina, Tusenbach, Soljony, Tschebutykin, Werschinin.
Tusenbach. Oberstleutnant Werschinin!
Werschinin. *(zu **Mascha** und **Irina**).* Habe die Ehre, mich Ihnen vorzustellen: Werschinin. Bin in der That sehr erfreut, daß ich Ihnen endlich meine Aufwartung machen kann. Was aus Ihnen geworden ist – ei, ei!
Irina. Nehmen Sie gefälligst Platz. Es ist uns sehr angenehm ...
Werschinin. Wie ich mich freue, wie ich mich freue! Aber Sie sind doch ***drei*** Schwestern – ganz recht, ich erinnere mich!
Dreier kleiner Mädchen erinnere ich mich. Die Gesichter sind mir nicht mehr gegenwärtig, aber daß Ihr Vater, Oberst Prosorow, drei kleine Töchterchen hatte – das schwebt mir ganz deutlich vor, aus eigenster Anschauung. Wie die Zeit vergeht – ach, ach, wie die Zeit vergeht!
Tusenbach. Alexander Ignatjewitsch ist aus Moskau hierher gekommen.
Irina. Ah, aus Moskau?!
Werschinin. Ganz recht, aus Moskau. Ihr verstorbener Papa war dort Batteriechef und ich war dort Offizier in derselben

Brigade. *(zu Mascha.)* Ihres Gesichts kann ich mich, glaub' ich, dunkel entsinnen ...

Mascha. Und ich kann mich Ihrer nicht mehr entsinnen.

Irina. Olja! Olja! *(Schreit in den Saal hinein.)* Olja, so komm' doch her!

Olga *(kommt aus dem Saal in das Gastzimmer).*

Irina. Denk' Dir nur: es hat sich herausgestellt, daß Oberstleutnant Werschinin aus Moskau ist!

Werschinin *(zu **Olga**).* Sie müssen **Olga** Sergejewna sein, die Älteste ... und Sie Maria ... und Sie **Irina**, die Jüngste ...

Olga. Sind Sie geborener Moskauer?

Werschinin. Ich habe in Moskau die Schule besucht, bin dort Soldat geworden und habe lange Jahre da gedient. Jetzt hab ich eine Batterie bekommen – und bin, wie Sie sehen, hierher versetzt worden. Persönlich erinnere ich mich Ihrer nicht mehr, nur daß Sie drei Schwestern waren, weiß ich. Ihren Vater dagegen seh' ich noch leibhaftig vor mir – ganz genau hab' ich sein Bild im Gedächtnis. Ich hab' in Moskau in Ihrem Hause verkehrt ...

Olga. Wirklich? Ich glaubte doch immer, ich hätte mir alle gemerkt – und mit einem Mal ...

Werschinin. Man nannte mich Alexander Ignatjewitsch ...

Irina. Alexander Ignatjewitsch ... daß Sie aus Moskau sind, ist wirklich eine angenehme Überraschung für uns!

Olga. Wir sind nämlich auf dem Sprunge, wieder dahin zu ziehen!

Irina. Zum Herbst denken wir schon dort zu sein. Es ist ja unsere Heimatsstadt, wir sind da geboren ... In der Staraja-Bassmannaja-Straße ... *(Beide lachen vor Freude.)*

Mascha. Ganz unerwartet sehen wir einen Landsmann wieder. *(Lebhaft.)* Jetzt erinnere ich mich! Weißt Du noch, Olja – bei uns sagten sie immer der „verliebte Major". Sie waren damals Leutnant und in irgend jemanden verliebt, und man nannte Sie scherzweise den Major ...
Werschinin *(lacht).* Ganz recht ... der „verliebte Major", das stimmt ganz genau ...
Mascha. Sie hatten damals nur einen Schnurrbart ... O, wie alt sind Sie geworden! *(Unter Thränen.)* Wie alt sind Sie geworden!
Werschinin. Ja, damals, als man mich den „verliebten Major" nannte, war ich noch jung, und wirklich sehr verliebt. Jetzt ist's damit vorbei.
Olga. Aber Sie haben doch noch kein einziges graues Haar! Sie sind gealtert, aber noch nicht alt.
Werschinin. Nun, ich bin doch schon im Dreiundvierzigsten. Sind Sie schon lange von Moskau fort?
Olga. Elf Jahre ist's her. Aber warum weinst Du denn, Mascha? Was ist Dir denn? *(Unter Thränen.)* Sieh' – auch ich fang' an zu weinen ...
Mascha. Nichts ist mir. In welcher Straße haben Sie dort gewohnt?
Werschinin. In der Staraja Bassmannaja. Und eine Zeit lang wohnte ich in der Deutschen Straße.
Olga. Das liegt nicht weit ab.
Werschinin. Von der Deutschen Straße ging ich immer nach der roten Kaserne. Man kommt dort über eine einsame Brücke – so düster ist's da – das Wasser rauscht ... wenn man dort allein vorübergeht, wird einem ganz traurig ums Herz. *(Pause.)* Und hier

haben Sie einen so prächtigen, wasserreichen Strom! Ein wunderbarer Strom!

Olga. Ja, aber es ist kalt hier. Kalt ist's ... und dann haben wir die Mückenplage ...

Werschinin. Ich bitte Sie! Hier ist ein so gesundes, treffliches, echt slavisches Klima! Der Strom, der Wald ... auch Birken haben Sie hier, die ich mehr liebe als alle anderen Bäume. Hier muß sich's wirklich gut leben. Nur eins ist sonderbar: daß der Bahnhof zwanzig Werst von der Stadt entfernt ist ... Und kein Mensch weiß, warum das so ist ...

Soljony. Ich weiß, warum das so ist. *(Alle sehen nach ihm hin.)* Wenn er näher läge, dann wär' er nicht so weit, und weil er so weit ist, darum liegt er eben nicht nahe. *(Peinliches Schweigen.)*

Tusenbach. Sie sind ein Spaßvogel, Wassili Wassiljewitsch.

Olga *(zu Werschinin).* Jetzt besinn' auch ich mich auf Sie. Ganz deutlich.

Werschinin. Ich habe Ihre Mutter gekannt.

Tschebutykin. Eine schöne Frau war's, Gott habe sie selig ...

Irina. Mama ist in Moskau begraben.

Olga. Auf dem neuen Marien-Friedhof.

Mascha. Denken Sie nur, ich fange schon an, ihr Gesicht zu vergessen! So wird's auch uns mal ergehen – man wird uns vergessen.

Werschinin. Ja. Man wird uns vergessen. Das ist mal so unser Schicksal, dagegen läßt sich nichts thun. Was uns jetzt wichtig und bedeutungsvoll vorkommt, wird mit der Zeit vergessen werden oder uns unwichtig erscheinen. *(Pause.)* Und es ist interessant, daß wir jetzt gar nicht sagen können, was eigentlich später als wichtig und bedeutungsvoll und was als unbedeutend und lächerlich gelten wird. Hat man nicht die Idee des Kopernikus oder die Pläne des Kolumbus in der ersten Zeit unnütz und lächerlich gefunden, während irgend ein läppischer Unsinn als Wahrheit galt? Und ebenso ist's möglich, daß unsere heutigen Zustände, mit denen wir so zufrieden sind, späteren Geschlechtern höchst seltsam, unvernünftig, unlauter, ja vielleicht sogar sündhaft erscheinen werden ...

Tusenbach. Wer kann's wissen? Vielleicht wird man unsere Zeit einmal sogar eine große Zeit nennen und ihr Aner-*
*kennung zollen. Wir haben keine Folter mehr, keine Todesstrafe, keine Einfälle wilder Völker. Allerdings haben wir trotz alledem noch Elend genug.

Soljony *(mit feiner Stimme).* Zip, zip, zip ... Unser Baron macht sich nichts aus Grütze – der wird schon vom Philosophieren satt!

Tusenbach. Wassili Wassilitsch, ich bitte Sie – lassen Sie mich in Ruhe ... *(Setzt sich auf einen andern Platz.)* Das wird auf die Dauer langweilig.

Soljony *(mit feiner Stimme).* Zip, zip, zip ...

Tusenbach *(zu Werschinin).* Es giebt so viele Leiden, unter denen die Menschen heut' seufzen – und doch heißt es, daß unsere gesellschaftlichen Zustände in sittlicher Beziehung entschieden fortgeschritten sind.

Werschinin. Gewiß, gewiß, allerdings.

Tschebutykin. Sie sagten eben, Baron, man werde unsere Zeit 'mal eine große Zeit nennen; darum bleiben die Menschen aber

doch klein! … *(Erhebt sich von seinem Platz.)* Sehen Sie, was für ein kleiner Kerl ich zum Beispiel bin! Na, wenigstens hab' ich jetzt einen Trost: bin ich klein, so ist meine Zeit doch groß.
(Hinter der Szene Geigenspiel.)
Mascha. Das ist unser Bruder Andrej, der da spielt.
Irina. Er hat studiert und wird jedenfalls Professor werden. Der Vater war Soldat – der Sohn hat die wissenschaftliche Laufbahn eingeschlagen.
Mascha. Es war Papas Wunsch.
Olga. Wir haben ihn heut' ein Bißchen geärgert. Er scheint nämlich ein klein wenig verliebt …
Irina. In eine hiesige junge Dame. Sie wird heut' bei uns sein, aller Wahrscheinlichkeit nach.
Mascha. Sie kleidet sich ganz entsetzlich. Als Moskauer werden Sie mich begreifen; ich kann's nicht ansehen, wie sie sich hier tragen; sie beleidigen mich geradezu, diese hiesigen Modedamen. Nicht bloß geschmacklos und unmodern – nein, geradezu kläglich kleiden sie sich. Diese sonderbaren, grellen, gelben Röcke, mit den abgeschmackten Fransen dran, und dazu die knallroten Jäckchen. Und die Backen so glatt angeseift, so glänzend! Andrej ist gar nicht verliebt – ich kann's nicht glauben, er hat doch Geschmack. Er spaßt nur mit uns, will uns ärgern. Ich hörte übrigens gestern, daß sie Herrn Protopopow heiratet, den Vorsitzenden des hiesigen Landschaftsamts. Das wäre nett … *(Ruft nach der Seitenthür hin.)* Andrej, komm' doch her! Nur auf 'nen Augenblick, mein Lieber! *(Andrej kommt herein.)*

7. Auftritt

Olga, Mascha, Irina, Tusenbach, Soljony, Tschebutykin, Werschinin, Andrej.

Olga *(stellt vor).* Mein Bruder, Andrej Sergejewitsch.

Werschinin. Werschinin ...

Andrej. Prosorow ... *(Wischt sich den Schweiß von der Stirn.)* Sie sind als Batteriechef zu uns versetzt?

Olga. Denk' Dir, Alexander Ignatjewitsch kommt aus Moskau!

Andrej. Ach! Da gratulier' ich Ihnen – meine lieben Schwestern werden Ihnen schön zusetzen!

Werschinin. Ihre Schwestern sind meiner jetzt schon überdrüssig!

Irina. Sehen Sie doch, was für einen hübschen Portaitrahmen mir heut Andrej geschenkt hat! *(Zeigt den Rahmen.)* Das hat er selbst gemacht.

Werschinin *(betrachtet den Rahmen und weiß nicht, was er sagen soll).* Ja ... sehr nett ...

Irina. Auch den Rahmen dort über dem Piano hat er gemacht.

Andrej *(macht eine abweisende Handbewegung und geht auf die Seite).*

Olga. Er ist nicht nur unser kleiner Gelehrter, sondern spielt auch die Geige und macht allerhand hübsche Sägearbeiten – mit einem Wort: ein Meister in allen Künsten. Andrej, so bleib doch da! Er hat nämlich die Gewohnheit, immer wegzulaufen, wenn Gesellschaft da ist. Komm' doch her! *(Mascha und Irina fassen ihn unter die Arme und führen ihn lachend zurück.)*

Mascha. Komm', komm'!

Andrej. Laßt mich, bitte!

Mascha. Wie komisch Du doch bist! Alexander Ignatjewitsch wurde früher immer der „verliebte Major“ genannt, und er hat sich gar nicht darüber geärgert.

Werschinin. Nicht im geringsten!

Mascha. Und Dich will ich jetzt immer den „verliebten Geiger“ nennen.

Irina. Oder den „verliebten Professor“ ...

Olga. Er ist verliebt! Unser Andrjuscha ist verliebt!

Irina. Bravo, bravo! Da capo! Andrjuscha ist verliebt!

Tschebutykin *(tritt von hinten an Andrej heran und umfaßt mit beiden Armen seine Taille).* “Zur Lieb' allein, zur Lieb' allein hat uns Natur geschaffen!“ *(Lacht, setzt sich und liest in einer Zeitung, die er aus der Tasche gezogen hat.)*

Andrej. Na, genug, genug ... *(Trocknet sich die Stirn.)* Ich hab' die ganze Nacht nicht geschlafen und bin nicht recht auf dem Posten, wie man sagt. Bis vier Uhr hab' ich gelesen, dann hab' ich mich hingelegt, aber es war nichts mehr mit dem Schlafen. Hab' gegrübelt über dies und das – und mit einem Mal ist's hell, die Sonne drängt sich mit Gewalt ins Schlafzimmer. Gegen zwei Uhr schon beginnt's zu dämmern ... Ich will jetzt im Sommer, solange ich hier bin, ein englisches Buch übersetzen ...

Werschinin. Lesen Sie englisch?

Andrej. Ja. Mein Vater, Gott hab' ihn selig, hat uns gehörig mit Bildung maltraitiert. Das war sehr überflüssig und lächerlich – aber es liegt schließlich kein Grund vor, es zu verschweigen. Nach seinem Tode begann ich dick zu werden und hab' in dem einen Jahre so zugenommen, als ob mein Körper plötzlich von einem schweren Druck befreit worden wäre. Dank unserm Papa können wir alle Französisch, Deutsch und Englisch, und Irina kann außerdem noch Italienisch. Aber was für Mühe hat das gekostet!

Mascha. In diesem Nest hier ist's ein sehr überflüssiger Luxus, drei fremde Sprachen zu können. Oder nicht einmal Luxus – einfach ein überflüssiges Anhängsel ist's, wie wenn man einen sechsten Finger hätte. Wir wissen sehr viel überflüssiges Zeug.

Werschinin. Wie können Sie das sagen? Erstens besitzt doch kaum ein Mensch einen so klaren und scharfen Blick, um das Überflüssige so ohne weiteres vom unbedingt Notwendigen zu unterscheiden. Und zweitens ist nach meiner Meinung kein Ort so langweilig und trostlos, daß ein verständiger, gebildeter Mensch darin nicht an seinem Platze wäre. Angenommen, es giebt unter den hunderttausend Menschen, die diese zweifellos sehr zurückgebliebene Stadt bewohnen, nur drei solche Menschen, wie Sie sind. Selbstverständlich wird es Ihnen nicht gelingen, die dunklen Massen, die Sie umgeben, siegreich zum Licht emporzuführen; Sie werden im Laufe der Zeit Konzessionen machen müssen, werden sich in der hunderttausendköpfigen Menge verlieren, werden sich's gefallen lassen müssen, daß das Leben Ihnen über den Kopf wächst; und doch werden Sie nicht spurlos verschwinden, werden Sie nicht ohne Einfluß bleiben. Es werden sich nach ihnen mehr solche Leute finden, wie Sie sind – zuerst vielleicht sechs, dann zwölf, und so fort, bis schließlich die Menschen Ihres Schlages in der Mehrzahl sind. In zwei-, dreihundert Jahren wird das Leben auf der Erde unvergleichlich schöner und herrlicher sein. Der Mensch hat ein Bedürfnis nach einem solchen Leben, und wenn es bisher noch nicht verwirklicht ist, dann soll er es wenigstens vorausahnen, soll es ersehnen, soll von ihm träumen und sich darauf vorbereiten, und darum muß er mehr sehen und mehr wissen, als sein Großvater und sein Vater gewußt haben. *(Lacht.)* Und Sie beklagen sich darüber, daß Sie so viel Überflüssiges wissen!

Mascha *(nimmt ihren Hut ab).* Ich bleibe zum Frühstück.

Irina *(mit einem Seufzer).* Man hätte das in der That alles niederschreiben sollen ... *(Andrej hat sich unbemerkt aus dem Zimmer entfernt.)*

Tusenbach. Nach so und so viel Jahren, sagen Sie, wird das Leben auf der Erde schöner und herrlicher sein. Aber um jetzt daran teilzunehmen, sei es auch nur aus der Ferne, muß man sich darauf vorbereiten, muß man arbeiten ...

Werschinin *(erhebt sich).* Ja. Aber wieviel Blumen Sie haben! *(Schaut um sich.)* Und was für eine prächtige Wohnung! Ich beneide Sie. Ich hab' mich mein Leben lang in kleinen, elenden Buden herumgedrückt, mit zwei Stühlen, einem Divan und einem Ofen, der ewig rauchte. Zu solchen Blumen hat's bei mir nie im Leben gereicht ... *(Reibt sich die Hände.)* Äh! Na, 's ist mal nicht zu ändern.

Tusenbach. Ja, man muß arbeiten. Sie denken vielleicht im stillen: Seht doch den gefühlvollen Deutschen! Aber ich bin, auf Ehre, ein Russe und spreche nicht mal deutsch. Mein Vater gehört der orthodoxen Kirche an. *(Pause.)*

Werschinin *(schreitet im Zimmer auf und ab).* Ich denke oft bei mir: wie, wenn man so das Leben noch einmal, und zwar bewußt, von vorn beginnen könnte? Wenn das erste Leben, das wir schon durchlebt haben, sozusagen das Concept und das zweite die Reinschrift davon wäre? Dann würde doch jeder von uns bemüht sein, sich dieses zweite Leben angenehmer einzurichten, statt einfach das erste Leben zu copieren! Er würde alles behaglicher haben wollen, mit Blumen, mit reichlichem Licht ... Ich hab' eine Frau und zwei Töchterchen, meine Frau ist kränklich und so weiter, und so weiter, na, wenn ich mein Leben von vorn beginnen könnte, würde ich jedenfalls nicht heiraten ... Um keinen Preis! *(Kulygin tritt ein, im Uniformfrack).*

8. Auftritt

Olga, Mascha, Irina, Tusenbach, Soljony, Tschebutykin, Werschinin, Kulygin, Andrej *(hinter der Scene).*

Kulygin *(tritt an* ***Irina*** *heran).* Teure Schwägerin, gestatte mir, daß ich Dir zu Deinem Namenstage gratuliere und Dir von Herzen Gesundheit wünsche, nebst allem, was man sonst noch einem jungen Mädchen in Deinen Jahren wünschen kann. Als Geschenk nimm dieses Büchlein von mir entgegen. *(Reicht ihr ein Buch.)* Es ist die Geschichte unseres Gymnasiums während der letzten fünfzig Jahre, von mir selbst verfasst. Ein unbedeutendes Schriftchen, das ich lediglich schrieb, um mir die Zeit zu vertreiben – aber lies es gleichwohl! Gehorsamster Diener, meine Herren! *(Zu Werschinin.)* Kulygin, Lehrer am hiesigen Gymnasium, Hofrat. *(Zu Irina.)* In diesem Büchlein wirst Du ein Verzeichnis aller derjenigen finden, die innerhalb der letzten fünfzig Jahre unser Gymnasium mit Erfolg absolviert haben. Feci, quod potui, feciant meliora potentes. *(Küßt Mascha.)*

Irina. Aber dieses Büchlein hast Du mir ja schon zu Ostern verehrt!

Kulygin *(lacht).* In diesem Fall gieb's mir doch zurück, oder noch besser: übergieb es dem Oberst! Nehmen Sie es bitte, Oberst! Vielleicht lesen Sie es gelegentlich, mal aus langer Weile!

Werschinin. Danke Ihnen bestens. *(Will gehen.)* Bin sehr erfreut, Ihre Bekanntschaft gemacht zu haben ...

Olga. Sie wollen gehen? Nein, nein!

Irina. Bleiben Sie doch zum Frühstück ...

Olga r!

Werschinin *(verneigt sich).* Es scheint, daß Sie einen Namenstag feiern. Entschuldigen Sie, daß ich nicht gratuliert habe – ich hatte keine Ahnung ... *(Geht mit **Olga** nach dem Saal.)*

Kulygin. Heut' ist der Tag des Herrn, meine Herrschaften – der Tag des Friedens. Wir werden ausruhen, werden fröhlich sein, jeder seinem alter und seiner Stellung gemäß. Bald wird man die Teppiche aufnehmen und für den Winter conservieren müssen ... Persisches Insectenpulver muß man anwenden oder Naphtalin ... Die Römer waren ein so gesundes Volk, weil sie es verstanden, ihre Zeit im richtigen Verhältnis zwischen Arbeit und Vergnügen zu teilen. Ihr Grundsatz war: Mens sana in corpore sano. Ihr Leben floß in bestimmten Formen dahin. Überall im Leben ist die Form die Hauptsache ... So sagt unser

Director. Was seine Form verliert, das stirbt ab – in der Natur, wie in unserem täglichen Leben. *(Faßt Mascha um die Taille und lacht.)* Mascha liebt mich. Meine Gattin liebt mich ... Auch die Portièren müssen für den Sommer verwahrt werden, zusammen mit den Teppichen ... Ich bin heut' so fröhlich, in so ausgezeichneter Stimmung. **Mascha**, um vier Uhr sind wir heut' beim Director – es wird ein Ausflug des Collegiums geplant, mit Familien ...

Mascha. Ich geh' nicht.

Kulygin *(beleidigt).* Warum nicht, meine liebe Mascha?

Mascha. Später davon. *(Ärgerlich.)* Gut, ich werde gehen, nur laß mich jetzt damit in Ruhe ... *(Geht auf die Seite.)*

Kulygin. Den Abend bringen wir beim Director zu. Trotz seines kränklichen Zustandes sucht dieser Mann vor allem die Geselligkeit zu pflegen. Eine ganz ausgezeichnete, lichtvolle Persönlichkeit. Ein großartiger Mensch. Gestern nach der Conferenz sagte er zu mir: „Ich bin müde, Fedor Iljitsch, ich bin müde.“ *(Sieht nach der Wanduhr, dann nach seiner Taschenuhr.)* Eure Uhr geht um sieben Minuten zu früh. „Ja“ sagte er, „ich bin müde!“ *(Hinter der Scene Geigenspiel.)*

Olga. Herrschaften, ich bitte zum Frühstück! Die Pastete wird aufgetragen!

Kulygin. Ach, meine liebe, gute **Olga**! Ich habe gestern vom Morgen bis elf Uhr abends gearbeitet, ich war so müde – und heut' fühl' ich mich so glücklich. *(Geht nach der Tafel im Saal.)* Meine liebe, gute ...

Tschebutykin *(steckt die Zeitung in die Tasche, kämmt sich den Bart.)* Pastete? Das ist ja großartig!

Mascha *(zu Tschebutykin, streng).* Daß Sie nur heut' nichts trinken, hören Sie? Es schadet Ihnen.

Tschebutykin. Eis sieh' doch! Nein, das giebt's bei uns nicht mehr. Seit zwei Jahren war ich nicht mehr bekneipt.

Mascha. Nehmen Sie sich jedenfalls in acht! *(Ärgerlich, doch so, daß ihr Gatte es nicht hört.)* Schon wieder soll ich mich bei diesem Director langweilen ... den ganzen Abend! Der Teufel mag das holen!

Tusenbach. Ich würde an Ihrer Stelle nicht hingehen.

Tschebutykin. Gehen Sie nicht hin!

Mascha. Ja, das sagen Sie so ... ein verdammtes Leben ... einfach unerträglich ...

Tschebutykin *(geht auf sie zu, beschwichtigend).* Nun, nun!

Soljony *(während er in den Saal geht).* Zip, zip, zip ...

Tusenbach. Hören Sie endlich auf, Wassili Wassilitsch. Es ist genug!

Soljony Zip, zip, zip ...

Kulygin *(heiter).* Ihre Gesundheit, Oberst! Ich bin Pädagoge, gehör' hier zur Familie ... bin Maschas Gatte. Sie ist ein gutes, sehr gutes Wesen ...

Werschinin. Ich werde von dem dunklen Likör da trinken ... *(Er trinkt.)* Auf Ihre Gesundheit ... *(Zu Olga.)* Ich fühle mich so wohl hier bei Ihnen! ... *(Im Gastzimmer sind nur noch **Irina** und Tusenbach zurückgeblieben.)*

Irina. Mascha ist heut in schlechter Stimmung. Sie hat mit siebzehn Jahren geheiratet und damals erschien ihr Mann ihr als der verständigste Mensch auf der Welt. Jetzt sieht sie sich enttäuscht: ein guter Kerl ist er wohl, aber sein Verstand ist nicht weit her.

Olga *(ungeduldig).* Andrej, so komm' doch endlich!

Andrej *(hinter der Scene)* Ich komme gleich! *(Geht durch das Gastzimmer nach dem Saal zu.)*

Tusenbach *(zu **Irina**).*

Irina. Ich? An Ihren Kameraden Soljony dachte ich eben. Er gefällt mir gar nicht, und ich fürchte ihn. Er redet lauter Unsinn.

Tusenbach. Er ist ein sonderbarer Mensch. Mir thut er leid, und andererseits ärgere ich mich über ihn; doch ist das Mitleid stärker. Ich halte ihn für schüchtern. Wenn wir zu zweien zusammen sind, ist er sehr vernünftig und nett, in Gesellschaft aber benimmt er sich ungeschliffen, wie ein richtiger Raufbold ... Gehen Sie noch nicht, mögen sich die andern erst zu Tisch setzen. Lassen Sie mich hier bei Ihnen bleiben. Woran denken Sie. *(Pause.)* Sie sind zwanzig Jahre alt, ich noch nicht dreißig. Wieviel Jahre liegen noch vor uns – welch eine lange Reihe von Tagen, und alle erfüllt von meiner Liebe zu Ihnen ...

Irina. Reden Sie mir nicht von Liebe, Nikolaj Lwowitsch!

Tusenbach *(ohne auf Sie zu hören).* Mich beseelt ein heißer Durst nach Leben, nach Kampf, und dieses Gefühl ist in meiner Seele mit der Liebe zu Ihnen, **Irina**, verschmolzen – zu Ihnen, die Sie so schön sind! Und schön – o, so schön erscheint uns auch das Leben ... Woran denken Sie?

Irina. Sie sagen, das Leben erscheine Ihnen schön – ja, wenn's einem nur so erscheint! Uns drei Schwestern hat s sich noch nicht von seiner schönen Seite gezeigt, es hat uns ersticken lassen im wuchernden Unkraut ... *(Fährt rasch mit der Hand über ihr Gesicht; lächelnd.)* Thränen ... die sind überflüssig. Nur Arbeit, Arbeit thut not. Wir sind nur darum so mißvergnügt, sehen nur darum das Leben so düster an, weil wir die Arbeit nicht kennen. Wir stammen von Leuten ab, die die Arbeit verachtet haben ... *(Natalia Iwanowna tritt ein; sie trägt ein rosa Kleid mit grünem Gürtel.)*

9. Auftritt

Olga, Mascha, Soljony, Tschebutykin, Werschinin, Kulygin, Andrej – *(sämtlich im Saal;)* **Irina, Tusenbach, Natascha** – *(im Gastzimmer; später)* **Fedotik** *(und)* **Rode**.

Natascha. Ich hab' mich verspätet ... Sie setzen sich schon zum Frühstück! *(Guckt flüchtig in den Spiegel, glättet ihr Haar.)* Die Frisur ist nicht übel. *(Erblickt Irina.)* Liebe Irina Sergejewna, ich gratuliere Ihnen herzlich. *(Küßt sie fest und lange.)* Sie haben so viele Gäste ... ich genier' mich fast ... *(Zu Tusenbach.)* Guten Tag, Baron!

Olga *(kommt in das Gastzimmer).* Ah, da ist ja auch Natalia Iwanowna! Seien Sie willkommen, meine Liebe! *(Sie küssen sich; Irina und Tusenbach gehen in den Saal.)*

Natascha. Sie haben eine so große Gesellschaft ... es ist mir so peinlich ...

Olga. Nicht doch – es sind lauter gute Bekannte. *(Halblaut, ganz erschrocken.)* Aber dieser grüne Gürtel ... Der ist durchaus nicht chic, meine Liebe!

Natascha. Fällt er auf?

Olga. Er ist einfach unmöglich ...

Natascha *(weinerlich).* Wirklich? Aber er ist doch gar nicht grün, sondern eher oliv! *(Folgt Olga in den Saal.)*
Kulygin. Ich wünsche Dir einen wackern Bräutigam, liebe Irina. Es ist Zeit, daß Du heiratest.
Tschebutykin *(zu Natascha).* Auch Ihnen thut ein Bräutigam not, Natalia Iwanowna!
Kulygin. Ei, Natalia Iwanowna hat schon einen Bräutigam.
Mascha. Ich möcht' ein Gläschen Wein trinken. Äh! Das Leben ist gar wunderschön, thut's uns nicht an den Kragen geh'n. Äh!
Kulygin. Dein Betragen ist heut' wenig befriedigend, meine Liebe!
Werschinin. Dieser Beerenwein ist ausgezeichnet. Womit ist er angesetzt?
Soljony. Mit Wanzen!
Irina *(weinerlich).* Pfui! Wie abscheulich! ...
Olga. Abends giebt's Truthahn und süße Apfelspeise. Gott sei Dank, ich bin heut' den ganzen Tag zu Hause ... ein Abend daheim! ... Kommen Sie nur heut' abend, meine Herrschaften ...
Werschinin. Wenn Sie gestatten, will auch ich kommen.
Irina. Ich bitte recht sehr.
Natascha. Hier kann man ganz ungeniert verkehren.
Tschebutykin. Zur Lieb' allein, zur Lieb' allein hat uns Natur geboren. *(Lacht.)*
Andrej *(ärgerlich).* Hören Sie auf, meine Herren! Es sollte Ihnen doch schon langweilig sein. *(Fedotik und Rode treten ein, einen großen Blumenstock tragend.)*
Fedotik. Sie sitzen in der That schon beim Frühstück!
Rode *(laut und schnarrend).* Beim Frühstück? Ja, wahrhaftig!

Fedotik. Wart' einen Moment! *(Er photographiert die Gruppe im Saal.)* Eins! Wart' noch einen Augenblick ... *(Er macht noch eine zweite Aufnahme.)* Zwei! Jetzt hab' ich sie! *(Sie nehmen den Korb auf und gehen in den Saal, wo sie lärmend begrüßt werden.)*
Rode *(laut).* Gratuliere! Wünsche von Herzen alles Gute. Das Wetter ist heut kapital, wirklich großartig! Bin den ganzen Morgen mit meinen Gymnasiasten spazieren gegangen – gebe nämlich Turnunterricht am Gymnasium ...
Fedotik. Sie können sich ruhig
bewegen, **Irina** Sergejewna! *(Photographiert sie.)* Sehen wirklich heut' interessant aus!
(Nimmt aus der Tasche einen Kreisel.) Hab' Ihnen unter anderem 'nen Brummkreisel mitgebracht ... hat einen wunderbaren Ton!
Irina. Wirklich reizend von Ihnen!
Mascha. "Ein Eichbaum steht am Meeresstrande – ein goldnes Kettlein hängt daran" ... *(Weinerlich.)* Ich weiß nicht, warum ich das immerfort wiederhole – seit dem frühen Morgen verfolgen mich diese Worte ...
Kulygin. Wir sind dreizehn bei Tisch!
Rode *(laut).* Herrschaften, Sie sind doch nicht
abergläubisch? *(Gelächter.)*
Kulygin. Wenn dreizehn Personen zu Tisch sind, giebt's Verliebte darunter. Sie sind's doch nicht etwa, Iwan Romanowitsch? Das wäre schön! *(Gelächter.)*
Tschebutykin. Ich bin ein alter Sünder, der nicht mehr in Betracht kommt. Aber warum Natalia Iwanowna so rot geworden

ist, kann ich wirklich nicht begreifen. *(Lautes Gelächter; Natascha läuft aus dem Saal in das Gastzimmer, hinter ihr her Andrej.)*

Andrej. Ich bitte Sie, achten Sie nicht darauf! Bleiben Sie doch, um alles in der Welt ...

Natascha. Ich schäme mich so! Ich weiß nicht, wo ich bleiben soll vor Verlegenheit – und Sie machen sich über mich lustig! Es mag ja unanständig sein, daß ich fortgelaufen bin – aber ich kann nicht ... ich kann nicht anders ... *(Hält sich die Hände vor das Gesicht.)*

Andrej. Meine Teure, ich bitte Sie, ich beschwöre Sie – regen Sie sich nicht so auf! Ich versichere Sie: sie scherzen nur, sie meinen es so gut. Meine Teuerste, Schönste – es sind alles so herzensgute Leute, sie haben uns beide gern. Kommen Sie hierher, ans Fenster, hier kann man uns nicht sehen ... *(Er sieht sich um.)*

Natascha. Es ist so ungewohnt für mich, in Gesellschaft zu sein ...

Andrej. O Jugendzeit, herrliche ,wunderbare Jugendzeit! Meine Teure, meine Schöne – beruhigen Sie sich! Vertrauen Sie mir, vertrauen Sie! ... Mir ist so wohl ums Herz, meine Seele ist voll Liebe, voll Begeisterung ... O, man sieht uns nicht, man sieht uns nicht. Warum ich Sie so liebe, seit wann ich Sie liebe – ich weiß es nicht. Meine Teure, meine herrliche, Reine – werden Sie mein Weib! Ich liebe Sie, liebe Sie über alles ... wie ich nie jemanden geliebt habe ... *(Sie küssen sich. Zwei Offiziere treten ein und bleiben beim Anblick des kosenden Paares verdutzt stehen.)*

(Der Vorhang fällt.)

Zweiter Act

(Decoration des ersten Actes. Zeit: acht Uhr abends. Hinter der Scene, auf der Straße, ertönt gedämpftes Harmonikaspiel. Beim Emporziehen des Vorhangs ist es dunkel auf der Bühne.)

Erster Auftritt

Natalia Iwanowna *(tritt in das Gastzimmer, mit einem Licht in der Hand; sie geht nach der Thür zu, hinter der sich* ***Andrej*** *befindet, und bleibt da stehen.)*

Natascha. Was machst Du denn, Andrjuscha? Liegst Du? Laß Dich nicht stören – ich wollte nur mal nachsehen ... *(öffnet eine zweite Thür, guckt hinein und schließt sie wieder.)* ob's nicht irgendwo brennt ...

Andrej *(tritt ein, mit einem Buche in der Hand).* Was giebt's denn, Natascha?

Natascha. Ich seh' nach, ob's nicht irgendwo brennt ... Jetzt, in der Butterwoche, ist die Dienerschaft ganz verdreht. Man muß in einem fort die Augen offen halten, daß nur ja nichts passiert. Gestern geh' ich um Mitternacht durchs Eßzimmer – und was seh' ich? Eine brennende Kerze! Und glaubst Du, ich hab's rausbekommen, wer sie hingestellt hat? Bewahre. *(Stellt die Kerze hin.)* Wie spät ist's denn?

Andrej *(sieht nach der Uhr).* Ein Viertel auf neun.

Natascha. Und **Olga** und **Irina** sind noch nicht da. Haben's recht schwer, die armen Mädchen! **Olga** hat heut' Conferenz, und Irina muß auf dem Telegraphenamt sitzen … *(Sie seufzt.)* Heut' morgen sag' ich zu ihr: „Schone Dich doch, **Irina**, meine Liebe“ – aber nein, sie hört nicht. Ein Viertel auf neun, sagst Du. Hör' mal, ich fürchte, daß unser Bobik ernsthaft krank ist! Wovon ist er nur so kalt? Gestern hatte er solche Hitze, und heut' ist er ganz kalt … Ich hab' solche Angst!

Andrej. Beruhige Dich, Natascha. Der Junge ist ganz gesund.

Natascha. 's ist aber besser, er bekommt was zum Abführen. Ich hab' Angst. Und nun sollen heute hier bei uns die Masken sein – in der zehnten Stunde sollen sie kommen. Es wäre doch besser, Andrjuschka, sie kämen nicht!

Andrej. Ich weiß wirklich nicht … sie sind doch eingeladen!

Natascha. Heut' morgen, wie der kleine Kerl aufwachte, sieht er mich an und lacht auf einmal. Er muß mich also erkannt haben! „Bobik“, sag' ich, „guten Morgen! Guten Morgen, Liebling!“ Und er lacht immerfort. Kleine Kinder begreifen – o, sehr gut begreifen sie! Ich will's also sagen, Andrjuscha, daß keine Masken eingelassen werden sollen …

Andrej *(unentschlossen).* Überlaß das doch den Schwestern. Sie sind ja hier die Herrinnen im Hause.

Natascha. Ich will's ihnen sagen, sie werden schon einverstanden sein. Sie sind so gut … *(Geht nach der Thür zu.)* Zum Abendbrot hab' ich Buttermilch besorgen lassen. Der Doctor meint, Du müßtest recht viel Buttermilch genießen, sonst würdest Du Deine Fettleibigkeit nicht loswerden. *(Bleibt stehen.)* Du – der arme Bobik ist immer so kalt – ich fürchte, er friert in seinem Zimmer. Es wäre gut, ihn anderswo unterzubringen, wenigstens so lange, bis es

wärmer wird. Irinas Zimmer zum Beispiel ist wie geschaffen zur Kinderstube: es ist trocken und hat den ganzen Tag Sonne. Man müßte ihr's sagen, sie kann ja solange mit Olga zusammen wohnen ... Am Tage ist sie doch fast nie zu Hause ... *(Pause.)* Lieber Andrjuschka, warum schweigst Du denn?
Andrej. So ... ich dachte eben nach ... wovon soll ich reden?
Natascha. Ja ... Etwas wollt' ich Dir doch noch sagen ... Ach, richtig! Ferapont ist da, der Diener vom Landschaftsamt. Er fragte nach Dir.
Andrej *(gähnt).* Schick' ihn doch her. *(Natascha ab; Andrej liest beim Schein der Kerze, die sie zurückgelassen hat, in seinen Buche. Ferapont tritt ein.)*

2. Auftritt

Andrej, Ferapont *(in einem alten, zerdrückten Paletot, mit hochgeschlagenem Kragen, einem Tuch um die Ohren und einem Packet nebst Buch unterm Arm).*
Andrej. Guten Abend, alter Freund! Was giebt's?
Ferapont. Der Vorsteher schickt das Buch hier und die Acten ... *(Reicht ihm das Buch und das Packet.)*
Andrej. Ich danke Dir. 's ist gut. Sag' mal – warum bist Du so spät gekommen? Es ist schon in der neunten Stunde!
Ferapont. Was?
Andrej *(lauter).* Warum Du so spät gekommen bist, frag' ich.
Ferapont. Ach so! Na ... ich war doch schon hier, wie's noch hell war, aber man hat mich nicht vorgelassen. Der Herr ist beschäftigt, hieß es. Na, meinetwegen, dacht' ich – ist er beschäftigt, dann ist er

beschäftigt, ich hab's nicht eilig. *(Glaubt, daß Andrej ihn etwas frage.)* Was?

Andrej. Nichts. *(Blättert in dem Buche.)* Morgen ist Freitag, da ist keine Sitzung, aber ich komm' doch hin, Hab' wenigstens was zu thun ... Zu Hause ist's langweilig ... *(Pause.)* Ja, mein lieber Alter, so ändern sich die Dinge! So betrügt uns das Leben! Aus langer Weile hab' ich
heut' mal dieses Buch herausgeholt – ein altes Collegienheft ... und ich mußte lachen ... Du lieber Gott, ich bin Sekretär beim Landschaftsamt! Bei demselben Landschaftsamt, dessen Vorsitzender Herr Protopopow ist! Secretär bin ich – und der höchste Rang, den ich erlangen kann, ist der eines Mitglieds der Landschaftsverwaltung. Ich – ein Mitglied der hiesigen Landschafts-Verwaltung! Ich, der ich jede Nacht davon träume, daß ich Professor der Moskauer Universität, daß ich ein berühmter Gelehrter bin, auf den das Vaterland stolz ist!

Ferapont. Kann wirklich nichts dazu sagen ... bin schwerhörig ...

Andrej. Wenn Du nicht schwerhörig wärest, würde ich wahrscheinlich mit Dir nicht so reden. Reden muß ich mit jemandem – meine Frau versteht mich nicht, vor meinen Schwestern fürcht' ich mich, sie würden sich über mich nur lustig machen ... Ich liebe die Kneipen wahrhaftig nicht – aber wie froh wär' ich, wenn ich jetzt so in Moskau säße, bei Tjestow, oder in sonst einem netten Restaurant ... ja, mein Lieber!

Ferapont. In Moskau ... von Moskau erzählte neulich ein Bauunternehmer im Bureau 'ne Geschichte, ganz 'was Tolles! Da aßen ein paar Kaufleute Pfannkuchen, und einer von ihnen, der vierzig Stück aufgegessen hatte, blieb gleich tot. Vierzig oder fünfzig – genau weiß ich's nicht, aber so herum war's.

Andrej. Da sitzt man nun in solch einem Moskauer Restaurant, in einem riesigen Saal, kennt keinen Menschen und wird von keinem gekannt – und fühlt sich doch wie zu Hause ... Und hier kennst Du alle, und alle kennen Dich – und doch bist Du ein Fremder ... Fremd und einsam.

Ferapont. Was? *(Pause.)* Und derselbe Bauunternehmer erzählte auch – kann ja sein, daß er lügt –, daß quer durch ganz Moskau ein langes Seil gespannt ist.

Andrej. Wozu denn?

Ferapont. Kann ich nicht sagen. Der Bauunternehmer hat's erzählt.

Andrej. Dummes Zeug. *(Liest in seinem Buche.)* Warst Du mal in Moskau?

Ferapont *(nach einer Pause).* Nein ... ich bin nicht dagewesen. Gott hat mich nicht hingeführt. *(Pause.)* Kann ich nu gehn?

Andrej. Meinetwegen. Leb' wohl. *(Ferapont entfernt sich.)* Leb' wohl ... *(Er sieht ins Buch.)* Morgen früh kommst Du wieder und holst die Acten ... *(Liest.)* Alles hab' ich noch im Kopfe, nichts hab' ich vergessen. Ich hab' ein immenses Gedächtnis – mit meinem Gedächtnis hätte ein anderer Gott weiß was zuwege gebracht! Ganz Rußland hätt' er in Erstaunen gesetzt ... Geh' schon ... *(Pause.)* Er ist fort. *(Es klingelt.)* Ja, das sind Geschichten ... *(Streckt die Glieder und geht gemächlich in sein Zimmer. Hinter der Scene singt eine Kinderfrau ein Wiegenlied. Mascha und*

Werschinin treten ein. Während ihres Gesprächs zündet das Stubenmädchen im Saal die Lampe und die Lichter an.)

3. Auftritt

Mascha *und* **Werschinin;** *im Saal das* **Stubenmädchen.**

Mascha. Ich weiß nicht. *(Pause.)* Ich weiß wirklich nicht ... Natürlich macht die Gewohnheit sehr viel aus. So konnten wir uns beispielsweise, wie mein Vater starb, gar nicht daran gewöhnen, daß wir keine Burschen mehr hatten. Aber ganz abgesehen von der Gewohnheit, lass' ich einzig mein Gerechtigkeitsgefühl sprechen. Vielleicht ist's in andern Garnisonen anders – hier aber, in unserer Stadt, sind die Offiziere thatsächlich das anständigste und gebildetste Element.

Werschinin. Ich möchte trinken. Thee möcht' ich trinken.

Mascha *(sieht auf die Uhr).* Es giebt bald welchen. Wie man mich verheiratete, war ich achtzehn Jahre alt. Ich hatte eben erst die Schule verlassen und fürchtete mich vor meinem Mann, weil er ein Schulmeister war. Er erschien mir damals ungeheuer klug, gelehrt und ernst. Jetzt ist das leider nicht mehr der Fall.

Werschinin. So ... ja!

Mascha. Von meinem Manne rede ich auch nicht, an den hab' ich mich schließlich gewöhnt; aber unter dem Civil im allgemeinen giebt es so viel ordinäre, unliebenswürdige, schlecht erzogene Menschen. Ich bin empört über den Mangel an Lebensart, es beleidigt mich, wenn ich einen Menschen sehe, dem die liebenswürdigen, feinen Umgangs-*

*formen abgehen. Wenn ich mit den Collegen meines Mannes zusammen bin, leide ich geradezu.

Werschinin. Ja ... und mir scheinen die einen so uninteressant wie die andern. Civilisten oder Offiziere – alles ist ganz gleich, wenigstens hier in diesem Neste. Alles derselbe Schlag! Hört man sich unsere Gebildeten an, ob's Civilisten sind oder Militärs: immer reden sie nur davon, was sie quält und plagt. Der eine ärgert sich mit seiner Frau herum, der andere mit seinem Hause, seinem Vermögen, seinen Pferden ... Dem Russen ist doch sonst ein so hoher Gedankenflug eigen – warum hält er sich im praktischen Leben auf gar so niedrigem Niveau? Warum?

Werschinin. Warum dieses qualvolle Verhältnis zu Frau und Kindern, das für beide Theile gleich unerträglich ist?

Mascha. Sie sind heut' in ziemlich schlechter Stimmung.

Werschinin. Schon möglich. Ich habe heut' nicht zu Mittag gegessen, bin überhaupt seit dem frühen Morgen ohne einen Bissen. Eine meiner Töchter ist nicht recht auf dem Posten, und wenn meine Mädels krank sind, komm' ich aus der Aufregung nicht heraus. Ich mache mir Gewissensbisse, daß sie eine solche Mutter haben. O, wenn Sie sie heute gesehen hätten! Was für eine erbärmliches Geschöpf. Um sieben Uhr morgens begann der Zank zwischen uns, und um neun Uhr schlug ich die Thür hinter mir zu und ging meiner Wege. *(Pause.)* Ich rede niemals davon, nur Ihnen gegenüber beklage ich mich darüber, merkwürdigerweise ... *(Küßt ihr die Hand.)* Seien Sie mir nicht böse. Außer Ihnen hab' ich ja niemand, niemand ... *(Pause.)*

Mascha. Wie das im Ofen saust! Kurz vor dem Tode des Vater summte es auch immer so im Ofenrohr. Ganz genau so.
Werschinin. Sind Sie abergläubisch?
Mascha. Ja.
Werschinin. Wie sonderbar! *Küßt ihr die Hand.* Sie sind ein herrliches, wunderbares Weib. Herrlich, wunderbar! Es ist so dunkel hier – aber ich sehe den Glanz Ihrer Augen ...
Mascha *(setzt sich auf einen andern Stuhl).* Hier ist's heller ...
Werschinin. Ich liebe, liebe, liebe Sie ... Ich liebe Ihre Augen und die Grazie Ihrer Bewegungen, von denen ich träume ... Sie herrliches, wunderbares Weib!
Mascha *(lacht leise).* Wenn Sie so zu mir sprechen, muß ich immer lächeln, obschon mir dabei so bang ist ... Bitte, reden Sie nicht mehr so ... *(Halblaut.)* Oder meinetwegen thun Sie's es ist mir alles gleich ... *(Bedeckt ihr Gesicht mit den Händen.* Alles ist mir gleich ... Man kommt, reden Sie von etwas anderem. *(Irina und Tusenbach kommen durch den Saal herein.)*

4. Auftritt

Werschinin, Mascha, Tusenbach, Irina.
Tusenbach. Ich habe eigentlich drei Familiennamen – Baron Tusenbach-Krone-Altschauer heiß' ich, aber ich bin Russe und gehöre zur orthodoxen Kirche, wie Sie. Vom Deutschen hab' ich nur noch wenig an mir,höchstens die Ausdauer und Hartnäckigkeit, mit der ich Sie langweile. Jeden Abend hol' ich Sie nun ab ...
Irina. Wie müde ich bin!

Tusenbach. Und alle Tage werde ich nach diesem Telegraphenamt kommen, um Sie nach Hause zu begleiten – zehn, zwanzig Jahre lang, bis Sie mich fortjagen ... *(Sieht Mascha und Werschinin, freudig.)* Sie sind da? Ich begrüße Sie.
Irina. Endlich ist man zu Hause. *(Zu Mascha.)* Was einem doch für Geschichten passieren! Kommt da heut' eine Dame aufs Amt und will ihrem Bruder nach Saratow telegraphieren, daß ihr Sohn gestorben sei. Nun hat sie aber die Adresse vergessen! Ohne genaue Adresse schickt sie ihr Telegramm ab, einfach nach Saratow. Wie sie so
dasteht und weint, fahr' ich sie mir nichts, Dir nichts, grob an: „Ich hab' keine Zeit", sag' ich, und kehr' ihr den Rücken. Zu dumm, nicht wahr? Sag' mal – kommen heut' nicht die Masken zu uns?
Mascha. Ja.
Irina. *(nimmt in einem Sessel Platz).* Ich muß etwas ausruhen. Man wird so müde!
Tusenbach *(lächelnd).* Wenn Sie aus dem Dienst kommen, erscheinen Sie mir immer so kindlich-jung, so unglücklich
... *(Pause.)*
Irina. Ich bin müde. Nein, ich liebe sie nicht, diese Telegraphie, nicht ein Bißchen!
Mascha. Du bist abgefallen ... *(Sie pfeift.)* Unreifer siehst Du aus, ein richtiges Jungengesicht hast Du bekommen.
Tusenbach. Das macht die Frisur.
Irina. Ich muß mir etwas anderes suchen, die Telegraphie ist nichts für mich. Was ich so ersehnt, wofür ich so geschwärmt habe – gerade das find' ich dort nicht. Arbeit ist's wohl – aber Arbeit

ohne Poesie, ohne tieferen Sinn ... *(Es klopft von unten gegen den Fußboden.)* Der Doctor klopft ... *(Zu Tusenbach.)* Antworten Sie ihm doch, mein Lieber, klopfen Sie ... Ich kann nicht ...

Tusenbach *(klopft gegen den Fußboden).*

Irina. Er wird gleich oben sein. Man muß irgend welche Maßregeln ergreifen. Gestern war der Doctor mit unserm Andrej im Club, sie haben beide wieder verloren.

Mascha *(gleichgiltig).* Was läßt sich jetzt dagegen thun?

Irina. Vor vierzehn Tagen hat er verloren, und damals im December hat er auch verloren. Wenn er nur recht bald alles los würde – vielleicht, daß wir dann endlich aus dem Neste hier fortkommen. Ach Gott, ich träume jede Nacht von Moskau, ich bin schon ganz verrückt. *(Lacht.)* Im Juni sollen wir hinziehen, und bis dahin ist noch ... Februar, März, April, Mai ... fast ein halbes Jahr.

Mascha. Daß nur Natascha nichts von dem Spielverlust erfährt!

Irina. Ach, ich denke, das ist ganz gleich. *(Tschebutykin, der eben von seinem Nachmittagsschlaf erwacht ist, tritt in den Saal; er kämmt seinen Bart, setzt sich an den Tisch im Saal und zieht eine Zeitung aus der Tasche.)*

5. Auftritt

Werschinin, Mascha, Tusenbach, Irina, Tschebutykin; *später* **Fedotik** *und* **Rode.**

Mascha. Da ist er ... Hat er schon die Miete bezahlt?

Irina *(lacht).* Nein. Seit acht Monaten nicht eine Kopeke. Augenscheinlich hat er's vergessen.

Mascha *(lacht).* Wie wichtig er dasitzt! *(Alle lachen. Pause.)*

Irina. Warum sind Sie denn so still, Alexander Ignatjewitsch?
Werschinin. Thee möcht' ich trinken. Mein halbes Leben geb' ich für ein Glas Thee hin! Seit heut' morgen hab' ich nichts im Leibe ...
Tschebutykin. Irina Sergejewna!
Irina. Was wünschen Sie?
Tschebutykin. Bitte, kommen Sie doch her! Venez ici! *(Irina geht zu ihm und setzt sich an den Tisch.)* Ich halt's ohne Sie nicht aus. *(Irina legt Patience.)*
Werschinin. Na, wenn's also keinen Thee giebt, dann wollen wir wenigstens ein Bißchen philosophieren.
Tusenbach. Meinetwegen ... Worüber!
Werschinin. Worüber? Lassen Sie mich mal nachdenken ... Sagen wir mal: über das Leben der Menschen, wie es nach uns,in zwei-, dreihundert Jahren sein wird.
Tusenbach. Hm! Dann wird man wahrscheinlich mit dem Luftballon reisen, die Jacketts werden einen andern Schnitt haben, der sechste Sinn wird möglicherweise entdeckt und zur Entwicklung gelangt sein, – aber das Leben selbst wird geblieben sein, wie es heut' ist, geheimnisvoll mühselig – und doch schön. Auch nach tausend Jahren noch wird der Mensch seufzen: „Ach, wie schwer ist's, zu leben!“ – und wird doch ebenso wie jetzt den Tod fürchten und verabscheuen.
Werschinin *(nach kurzem Nachdenken).* Was soll ich darauf erwidern? Nach meiner Meinung wird sich nach und nach in den irdischen Dingen eine Wandlung vollziehen, ja sie vollzieht sich schon jetzt vor unseren Augen. In zwei-, dreihundert, vielleicht auch in tausend Jahren – auf den Zeitraum kommt's nicht an –

wird ein neues, glückliches Leben auf Erden beginnen. Wir werden an diesem Leben allerdings keinen Anteil mehr haben, aber wir leben, arbeiten und leiden schon jetzt um dieses zukünftigen Lebens willen, wir schaffen dieses Leben, und darin allein liegt der Zweck unseres Daseins und, wenn sie wollen, unser Glück.

Mascha *(lacht leise).*

Tusenbach. Warum lachen Sie?

Mascha. Ich weiß nicht. Ich muß heut' den ganzen Tag lachen, vom frühen Morgen an.

Werschinin *(zu Tusenbach).* Ich habe den gleichen Bildungsgang wie Sie, die Universität hab' ich nicht besucht; ich lese viel, wenn auch

vielleicht nicht mit der richtigen Auswahl, und möglicherweise sogar ziemlich überflüssiges Zeug. Das aber, worauf's vor allem ankommt, glaub' ich doch ganz fest und bestimmt zu wissen. Und das ist: es giebt kein Glück für uns, es kann und wird keins geben … Wir können nur arbeiten und arbeiten, das Glück aber wird erst unsern Enkeln zu teil werden. *(Pause.)* Nun denn, wenn ich nicht glücklich sein soll, so werden es wenigstens meine Enkel sein oder die Enkel meiner Enkel. *(Fedotik und Rode erscheinen im Saal; sie setzen sich und singen leise zur Gitarre.)*

Tusenbach. Ich verstehe Sie nicht. Wir sollen arbeiten, arbeiten und nicht einmal träumen vom Glück! Wenn ich aber nun thatsächlich glücklich bin?

Werschinin. Das sind Sie nicht.

Tusenbach *(schlägt die Hände zusammen und lacht).* Wir mißverstehen uns offenbar gegenseitig. Wie soll ich's Ihnen klarlegen, was ich meine? Wir leben doch sozusagen alle unser eignes Leben, und auch die Zukunft wird nur ihr eignes Leben haben, das genau so sein wird wie das unsrige, weder besser noch schlechter …

Mascha *(lacht leise).*

Tusenbach *(streckt ihr den Finger entgegen).* Lachen Sie nur! *(Zu Werschinin.)* Nicht bloß nach zwei-, dreihundert, sondern nach Millionen Jahren wird das Leben ganz ebenso sein, wie es immer war; es ändert sich nicht, es bleibt stets sich selbst gleich, folgt seinen eigenen Gesetzen, die wir nicht ändern, die Sie nie ihrem innersten Wesen nach ergründen werden. Nehmen Sie die Zugvögel, die Kraniche zum Beispiel – sie fliegen und fliegen, und was für Gedanken auch in ihren Köpfen sich regen mögen, ob hohe oder niedrige – sie werden immer wieder fliegen, ohne zu wissen warum und wohin. Was für Philosophen auch unter ihnen erstehen mögen – das Fliegen werden sie nicht lassen; mögen sie philosophieren, so viel sie wollen – wenn sie nur fliegen …

Mascha. Es liegt doch immer ein Sinn darin!

Tusenbach. Ein Sinn … Draußen fällt Schnee – was für ein Sinn soll darin liegen? *(Pause.)*

Mascha. Ich meine, der Mensch muß gläubig sein, oder doch den Glauben suchen, sonst ist sein Leben öde, öde … Leben und nicht wissen warum die Kraniche fliegen, warum Kinder geboren werden, warum die Sterne am Himmel stehen – das ist einfach trostlos. Man muß wissen, warum man lebt – oder es ist eben alles dummes Zeug, alles Widersinn … *(Pause.)*

Werschinin. Auf jeden Fall ist's traurig, daß die Jugend vergeht ...
Mascha. Bei Gogol heißt es irgendwo: Langweilig ist's auf dieser Welt zu leben, Herrschaften!
Tusenbach. Und ich sage: Schwer ist's, mit Ihnen zu disputieren, Herrschaften! Ich geb's auf ...
Tschebutykin *(liest in der Zeitung).* Balzac hat sich in Berdytschew trauen lassen.
Irina *(singt leise).*
Tschebutykin. Das will ich mir doch notieren. *(Macht sich Notizen.)* Balzac hat sich in Berdytschew trauen lassen. *(Liest in der Zeitung weiter.)*
Irina *(während sie Patience legt, nachdenklich).* Balzac hat sich in Berdytschew trauen lassen.
Tusenbach. Der Würfel ist gefallen. Sie wissen, Maria Sergejewna, daß ich um meinen Abschied eingekommen bin.
Mascha. Ich hab's gehört. Und ich finde es nicht schön von Ihnen. Ich liebe die Civilisten nicht.
Tusenbach. Das ist mir gleich. *(Erhebt sich.)* Ich bin nicht hübsch genug zum Soldaten. Na, übrigens – 's ist alles egal ... Ich werde arbeiten. Wenigstens einen Tag in meinem Leben möcht' ich so angestrengt arbeiten, daß ich, wenn ich abends nach Hause komme, vor Müdigkeit umsinke und sofort einschlafe ... *(Geht in den Saal.)* Die Arbeiter müssen einen festen Schlaf haben.
Fedotik *(zu **Irina**).* Hab' eben bei Pschykow in der Moskauer Straße bunte Bleistifte für sie gekauft ... und diese Messerchen ...

Irina Sie hätscheln mich immer noch wie ein kleines Mädchen! *(Nimmt Bleistifte und Messerchen; freudig.)* Ach, wie reizend!
Fedotik. Und für mich hab' ich ein Taschenmesser gekauft ... da, sehen Sie mal ... eine Klinge, noch eine zweite, eine dritte – hier eine kleine Schere, eine Nagelfeile ...
Rode *(laut).* Doctor, wie alt sind Sie eigentlich?
Tschebutykin. Ich? Zweiunddreißig Jahre. *(Gelächter.)*
Fedotik. Ich will Ihnen mal 'ne andere Art des Patiencelegens zeigen ... *(Legt Patience; das Stubenmädchen bringt den Samowar und entfernt sich; Anfissa kommt herein und hantiert am Samowar herum; bald darauf kommt Natascha und macht sich gleichfalls am Tische zu schaffen; Soljony tritt ein, begrüßt die Anwesenden und setzt sich an den Tisch.)*

6. Auftritt

Werschinin, Mascha, Tusenbach, Irina, Tschebutykin, Fedotik, Rode, Anfissa, Natascha, Soljony; *später* **Andrej.**
Werschinin. Was für ein Wind das draußen ist!
Mascha. Ja. Ich habe den Winter schon satt. Hab' schon ganz vergessen, wie der Sommer aussieht.
Irina *(zu Fedotik, der Patience legt).* Ich seh' schon, was die Karten sagen: wir werden nach Moskau ziehen.
Fedotik. Stimmt nicht. Die Acht hier liegt auf der Pik-Zwei. *(Lacht.)* Das bedeutet: Sie werden nicht nach Moskau ziehen.
Tschebutykin *(liest in der Zeitung).* In Zizikar grassieren die schwarzen Blattern.

Anfissa *(tritt an **Mascha** heran).* **Mascha**, Thee trinken, Schätzchen! *(Zu Werschinin.)* Wenn ich bitten darf, Ew. Hochwohlgeboren ... Verzeihung, Väterchen, hab' Ihren Namen vergessen ...

Mascha. Bring' mir den Thee hierhin, Altchen. Ich geh' nicht dorthin.

Irina. Anfissa!

Anfissa. Ich komm' schon!

Natascha *(zu Soljony).* Brustkinder begreifen schon sehr gut! „Guten Morgen, Bobik!“ sag' ich heut zu meinem Kleinen, „guten Morgen, Liebling!“ Und dabei guckt er mich ganz merkwürdig an. Sie denken vielleicht, aus mir rede nur die Mutter – o nein! Ich versichere Sie, es ist ein ganz ungewöhnliches Kind!

Soljony. Wenn's mein Kind wäre, würde ich's in der Pfanne braten und verspeisen. *(Geht mit seinem Glase ins Gastzimmer uns setzt sich in eine Ecke.)*

Natascha *(bedeckt ihr Gesicht mit den Händen).* Was für ein roher, unerzogener Mensch!

Mascha. Glücklich derjenige, dem es gleich bleibt, ob draußen Sommer oder Winter ist. Ich glaube, wenn ich in Moskau lebte, wär' mir das Wetter ganz gleichgiltig ...

Werschinin. Kürzlich las ich das Tagebuch eines französischen Ministers – er hatte es im Gefängnis geschrieben, in das ihn die Panama-Affaire gebracht hatte. Mit wahrem Entzücken spricht er von den Vögeln, die er aus seinem Kerkerfenster sieht, und die er früher, als er noch im Amt war, nie bemerkt hatte. Und auch nach seiner Freilassung wird er auf die Vögel kaum geachtet haben. So werden auch Sie, wenn Sie erst in Moskau leben, den Reizen dieser Stadt weiter keine Aufmerksamkeit schenken. Es giebt eben für den Menschen kein Glück – nur eine Sehnsucht nach dem Glücke giebt es.

Tusenbach *(nimmt die Confectschachtel vom Tische).* Wo ist denn das Confect geblieben?

Irina. Soljony hat's aufgegessen.

Tusenbach. Alles?

Anfissa *(reicht den Thee herum; zu Werschinin).* Für Sie ist ein Brief gebracht worden, Väterchen! *(Reicht ihm den Brief.)*

Werschinin. Für mich? *(Nimmt den Brief.)* Von meiner Tochter. *(Liest.)* Ja, natürlich ... Entschuldigen Sie mich, Marja Sergejewna – ich gehe ganz still fort. Thee trink' ich nicht mehr. *(Steht erregt auf.)* Ewig diese Geschichten ...

Mascha. Was giebt's denn? Es ist doch kein Geheimnis?

Werschinin Meine Frau hat sich wieder mal vergiftet. Ich muß nach Hause. Ich möchte unbemerkt fortgehen. Schrecklich unangenehm ist das alles. *(Küßt Mascha die Hand.)* Meine Teure ... herrliches, schönes Weib ... Ich geh' ganz leise hier durch. *(Ab.)*

Anfissa *(sieht sich nach Werschinin um).* Wo ist er denn? Ich hab' ihm doch Thee gebracht! ... Was für'n komischer Mensch!

Mascha *(ärgerlich).* Laß mich! Gar keine Ruhe hat man vor Dir! *(Geht mit ihrer Tasse an den Tisch.)* Bist wirklich langweilig, Alte!

Anfissa. Was bist Du denn mit einem Mal so böse, Schätzchen?

Andrej's Stimme. Anfissa!

Anfissa *(ahmt ihn nach).* Anfissa! Da sitzt er nu drinnen ... *(Ab.)*

Mascha *(am Tische im Saal, ärgerlich).* So macht mir doch Platz! *(Wirft die Karten auf dem Tisch durcheinander.)* Da sitzen sie mit ihren Karten. Trinkt Euern Thee!
Irina. Du bist doch recht boshaft, Maschka!
Mascha Wenn ich boshaft bin, dann redet doch nicht mit mir. Reizt mich nicht.
Tschebutykin *(lacht).* Reizt sie nicht, reizt sie nicht!
Mascha. Sie sind sechzig Jahre alt und sind wie ein kleiner Junge ... faseln immer, der Teufel weiß, was ...
Natascha *(seufzt).* Liebe **Mascha**, warum gebrauchst Du in der Unterhaltung solche Ausdrücke? Bei Deinem reizenden Äußern wärst Du in Gesellschaft geradezu entzückend, wenn Du nicht immer solche Worte im Munde führtest. Je vous prie, pardonnez moi, Marie, mais vous avez des manières un peu grossières.
Tusenbach *(mühsam das Lachen verhaltend).* Geben Sie mir doch mal ... dort ... ich glaube, es ist Cognac ...
Natascha. Il paraît que mon Bobik déjà ne dort pas! Er ist aufgewacht. Er ist heut' nicht recht wohl ... ich will mal nach im sehen, verzeihen Sie ... *(Ab.)*
Irina. Und wo ist Alexander Ignatisch?
Mascha. Nach Hause gegangen. 's ist wieder mal was mit seiner Frau passiert.
Tusenbach *(geht zu Soljony, eine Caraffe mit Cognac in der Hand).* Sie sitzen so allein, grübeln über irgend 'was – und können's nicht ergrübeln. Kommen Sie, lassen Sie uns 'nen Cognac trinken. Wollen uns wieder vertragen. *(Sie trinken.)* Heute werde

ich wohl die ganze Nacht auf dem Clavier klimpern müssen, lauter albernes Zeug jedenfalls ... Na, komme, was kommen will.

Soljony. Sie reden von „vertragen“ – ich bin doch gar nicht auf Sie böse!

Tusenbach. Ich hab' immer das Gefühl, als ob Sie etwas gegen mich hätten. Offen gesagt, Sie haben einen sonderbaren Charakter.

Soljony *(deklamiert).* “Mich nennst Du sonderbar – und wer ist' nicht? Sei böse nicht, Aleko!“

Tusenbach. Was hat hier Aleko zu thun?

Soljony. Bin ich zu zweien mit jemand zusammen, dann bin ich ein ganz brauchbarer Kerl, wie alle andern, aber in Gesellschaft werde ich gleich niedergeschlagen und schüchtern und rede allerhand Unsinn. Dennoch bin ich ehrenhafter
und nobler von Gesinnung, als sehr, sehr viele. Ich kann Ihnen Beweise dafür liefern.

Tusenbach. Ich bin oft böse auf Sie, weil Sie immer mit mir Händel suchen, wenn wir zusammen in Gesellschaft sind. Und doch sind Sie mir aus irgend einem Grunde sympathisch. Hol's der Teufel, ich will mich heut' betrinken. Prosit!

Soljony. Prosit! *(Sie trinken.)* Ich habe nie was gegen Sie gehabt, Baron. Aber ich habe leider den Charakter
Lermontows. *(Leise.)* Ich seh' sogar Lermontow etwas ähnlich.

Tusenbach. Ich habe meinen Abschied eingereicht. Basta. Fünf Jahre lang hab' ich mir's überlegt, und endlich hab' ich mich entschlossen. Ich will arbeiten.

Soljony *(deklamiert).* "Sei böse nicht, Aleko, und vergiß die ew'gen Träumerei'n ..." *(Während sie sprechen, kommt Andrej leise mit einem Buche herein und setzt sich neben die brennende Kerze.)*
Tusenbach. Ich werde arbeiten ...
Tschebutykin *(geht mit Irina in das Gastzimmer).* Und auch die Bewirtung war ganz nach kaukasischer Art: Suppe mit Lauch, und nach dem Braten kam Tschechartma, eine Fleischspeise.
Soljony. Tscheremscha ist durchaus keine Fleischspeise, sondern eine Pflanze, ähnlich unserm Knoblauch.
Tschebutykin. Keineswegs, mein Engel! Tschechartma ist kein Knoblauch, sondern ein Gericht aus Hammelfleisch.
Soljony. Und ich sage Ihnen – Tscheremscha ist eine Knoblauchart!
Tschebutykin. Und ich sage Ihnen – Tschechartma ist Hammelfleisch!
Soljony. Und ich sage Ihnen – Tscheremscha ist Knoblauch.
Tschebutykin. Was soll ich mit Ihnen streiten! Sie sind nie im Kaukasus gewesen und haben nie Tschechartma gegessen!
Soljony. Ich hab's nicht gegessen, weil ich das Zeug nicht leiden kann. Tscheremscha riecht genau so abscheulich wie Knoblauch.
Andrej *(in bittendem Tone).* Genug, meine Herren! Ich bitte Sie!
Tusenbach. Wann kommen denn eigentlich die Masken?
Irina. Um 9 Uhr wollten sie kommen – sie können jeden Augenblick da sein.
Tusenbach *(umfaßt Andrej).* Ach, Du Häuschen, Du mein Häuschen, Du mein schönes, neues Haus ...
Andrej *(tanzt und singt).* Neues Häuschen Du aus Ahorn ...

Tschebutykin *(tanzt).*Mit dem Gitterchen davor! *(Gelächter.)*
Tusenbach *(küßt Andrej).* Hol's der Teufel, wir wollen eins trinken. Andrjuscha, komm', wir wollen Brüderschaft trinken! Und dann gehen wir zusammen auf die Universität, Andrjuscha!
Soljony. Auf welche denn? In Moskau sind zwei Universitäten.
Andrej. In Moskau ist nur eine Universität.
Soljony. Und ich sage Ihnen: es sind zwei da.
Andrej. Meinetwegen auch drei. Um so besser.
Soljony. In Moskau sind zwei Universitäten. *(Murren und Zischen.)* Zwei Universitäten: die alte und die neue. Und wenn's Ihnen nicht paßt, mir zuzuhören, wenn Sie sich über meine Worte ärgern – dann kann ich ja schweigen. Ich kann sogar in ein anderes Zimmer gehen ... *(Entfernt sich durch eine der Thüren.)*
Tusenbach. Bravo! Bravo! *(Lacht.)* Herrschaften, so fangen Sie doch an, ich will spielen! Ein komischer Kauz, dieser Soljony! *(Setzt sich ans Clavier, spielt einen Walzer.)*
Mascha *(tanzt allein und singt nach der Walzermelodie).* Der Baron ist bezecht, bezecht, bezecht ... *(Natascha tritt herein.)*
Natascha *(zu Tschebutykin).* Iwan Romanytsch! *(Spricht mit ihm von irgend etwas und entfernt sich dann leise.)*
Tschebutykin *(faßt Tusenbach an der Schulter und flüstert ihm irgend etwas ins Ohr.)*
Irina. Was ist denn los?
Tschebutykin. Es ist Zeit, daß wir gehen. Adieu!
Tusenbach. Gute Nacht! Es ist Zeit, daß wir gehen.
Irina. Erlauben Sie ... Und die Masken? ...

Andrej *(verwirrt).* Die Masken dürfen heut nicht kommen, Nämlich, meine Liebe ... Natascha meint, Bobik wäre nicht ganz wohl, und darum ... Im übrigen, ich weiß nichts weiter ... mir ist's absolut gleichgiltig.
Irina *(achselzuckend).* Bobik ist nicht ganz wohl!
Mascha. Fauler Zauber! Man wirft uns zur Thür hinaus – gut, dann gehen wir. *(Zu Irina.)* Nicht Bobik, sondern sie selber ist nicht ganz wohl – da! *(Zeigt mit dem Finger nach der Stirn.)* Die Spießbürgerin!
(Andrej ab nach rechts in sein Zimmer, Tschebutykin folgt ihm; im Saal verabschieden sich die Gäste.)
Fedotik. Wie schade! Ich hab' mich so gefreut auf den Abend, aber wenn das Kind krank ist, dann natürlich ... Ich bring' ihm morgen ein Spielzeug mit ...
Rode *(laut).* Hab' extra den ganzen Nachmittag geschlafen, dachte die Nacht durch zu tanzen ... Es ist doch erst neun Uhr!
Mascha. Kommen Sie, meine Herren! Wir können auf der Straße weiterplaudern. Wollen überlegen, was wir anfangen. *(Man hört Abschiedsgrüße: „Adieu!" „Auf Wiedersehen!" und Tusenbachs vergnügtes Lachen. Alle entfernen sich. Anfissa und das Stubenmädchen räumen den Tisch ab und löschen die Lampen aus. Man hört den Gesang der Kinderfrau. Andrej, in Paletot und Hut, und Tschebutykin treten leise ein.)*

7. Auftritt

Andrej, Tschebutykin; *im Saal* **Anfissa** *und das* **Stubenmädchen.**

Tschebutykin. Hab' darum nicht geheiratet, weil das Leben so blitzschnell an mir vorüber gehuscht ist – und dann, weil ich Deine Mutter, die leider verheiratet war, bis zum Wahnsinn liebte ...
Andrej. Heiraten ist überflüssig. Überflüssig ... weil's langweilig ist.
Tschebutykin. Das sagst Du so – weil Du nicht weißt, was es bedeutet, allein zu sein. Rede, was Du willst, mein Lieber: das Alleinsein ist ein schreckliches Ding!
Andrej. Kommen Sie rasch!
Tschebutykin. Warum so eilig? Wir kommen noch früh genug hin!
Andrej. Ich fürchte, meine Frau könnte uns in die Quere kommen.
Tschebutykin. Ach so!
Andrej. Spielen mag ich heut' nicht, nur etwas zerstreuen möcht' ich mich. Ich fühle mich gar nicht recht wohl ... Was soll ich nur gegen mein Asthma thun, Doctor?
Tschebutykin. Frage mich nicht, mein Lieber. Ich weiß es wirklich nicht ... hab's vergessen ...
Andrej. Wir wollen durch die Küche gehen. *(Beide ab. Es klingelt zweimal, mit kurzer Zwischenpause; das Stubenmädchen entfernt sich; man hört Stimmen und Gelächter.* ***Irina*** *tritt ein.)*

8. Auftritt

Irina, Anfissa, *dann* **Soljony;** *später* **Natascha** *und das* **Stubenmädchen.**
Irina. Wer ist da?
Anfissa *(flüsternd).* Die Masken werden es sein. *(Es klingelt wieder.)*

Irina. Geh' doch, meine Liebe, sag' Ihnen, daß niemand zu Hause ist.Sie möchten entschuldigen. *(Anfissa ab.* ***Irina*** *geht sinnend im Zimmer auf und ab; sie ist erregt. Soljony tritt ein.)*
Soljony *(verdutzt).* Kein Mensch da? Wohin sind denn alle verschwunden?
Irina. Sie sind nach Hause gegangen.
Soljony. Merkwürdig. Sie sind ganz allein da?
Irina. Ganz allein. *(Pause.)* Leben Sie wohl!
Soljony. Ich habe mich vorhin nicht taktvoll, nicht zurückhaltend genug benommen. Aber Sie sind nicht so wie die andern. Sie sind edelgesinnt und rein, Sie erkennen die Wahrheit ...Nur Sie allein können mich verstehen. Ich liebe Sie ... liebe Sie leidenschaftlich, ohne Maß ...
Irina. Leben Sie wohl! Gehen Sie!
Soljony. Ich kann ohne Sie nicht leben. *(Geht hinter ihr her.)* O, meine Seligkeit! *(Unter Thränen.)* O, mein Glück! Diese herrlichen, wunderbaren, berückenden Augen, die ich noch bei keinem Weibe gesehen habe!
Irina *(kühl).* Hören Sie auf, Wassili Wassilitsch!
Soljony. Das erste Mal ist's, daß ich Ihnen von Liebe rede ... Mir ist zu Mute, als wär' ich nicht auf der Erde, sondern irgendwo auf einem andern Planeten. *(Reibt sich die Stirn.)* Na, 's ist mir alles gleich – zur Liebe zwingen kann ich Sie nicht ... Aber glückliche Nebenbuhler duld' ich nicht ... Ich dulde sie nicht! Ich schwör's Ihnen bei allen Heiligen: jeden Nebenbuhler töte ich ... O, Sie Herrliche! *(Natascha kommt mit einer Kerze.)*

Natascha *(schaut erst in das eine, dann ins andere Zimmer und geht an der Thür, die ins Zimmer ihres Gatten führt, vorüber.)* Da drinnen ist Andrej. Ich will ihn beim Lesen nicht stören. *(Zu Soljony.)* Verzeihen Sie, Wassili Wassiljewitsch, ich wußte nicht, daß Sie da sind – ich bin im Hauskleid ...

Soljony. Ist mir alles gleich. Leben Sie wohl! *(Ab.)*

Natascha. Bist wohl recht müde, meine Liebe! Mein armes Kind! *(Küßt Irina.)* Leg' Dich nur bald zu Bett!

Irina. Schläft Bobik?

Natascha. Ja. Aber er schläft so unruhig. Apropos, meine Liebe – ich wollt' schon immer etwas mit Dir besprechen, aber entweder warst Du nicht da, oder ich hatte keine Zeit ... Das Zimmer, in dem Bobik jetzt schläft, scheint mir so kühl und feucht. Und Dein Zimmer paßt so schön zum Kinderzimmer. Meine Liebe, Gute – quartier' Dich vorläufig bei Olga ein!

Irina *(versteht Natascha nicht gleich).* Was soll ich? *(Man hört einen Schlitten unter Schellengeläut vor dem Hause vorfahren.*

Das Stubenmädchen *(flüstert Natascha etwas ins Ohr).*

Natascha. Protopopow? Was für ein komischer Kauz! Protopopow wartet unten mit seiner Trojka und will mit mir eine Spazierfahrt machen! *(Lacht.)* Wie komisch doch diese Mannsleute sind ... *(Es klingelt.)* Es its jemand gekommen. Na, ein Viertelstündchen Luft schnappen kann nicht schaden ... *(Zum Stubenmädchen.)* Sag', ich käme gleich. *(Es klingelt.)* Es klingelt ... das muß **Olga** sein. *(Ab. Das Stubenmädchen entfernt sich rasch. Irina sitzt nachsinnend da.. Kulygin und Olga treten ein, hinter ihnen Werschinin.)*

9. Auftritt

Irina, Olga, Kulygin, Werschinin; *dann* **Natascha.**

Kulygin. Das ist doch merkwürdig! Und dabei hieß' es, es sei heut' Tanzkränzchen bei Ihnen!

Werschinin. Vor einer halben Stunde war ich hier – da erwarteten Sie die Masken ...

Irina. Alle sind fort.

Kulygin. Auch Mascha? Wohin ist sie denn gegangen? Und warum wartet Protopopow unten mit seiner Trojka? Wen erwartet er?

Irina. Frage nicht... ich bin müde. *(Bedeckt das Gesicht mit den Händen.)*

Kulygin. Nun, nun, mein launisches Fräulein ...

Olga. Eben erst hat unsere Konferenz geendet. Ich bin ganz hin. Die Vorsteherin ist krank, und ich muß sie vertreten. Kopfschmerzen hab' ich, solche Kopfschmerzen ... *(Setzt sich.)* Andrej hat gestern zweihundert Rubel verspielt, die ganze Stadt spricht davon ...

Kulygin. Auch wir hatten eine Konferenz, auch ich bin müde ... *(Setzt sich.)*

Werschinin. Meine Frau hat sich um ein Haar vergiftet. Ich bin froh, daß es noch gut abgelaufen ist ... Also wir sollen uns wieder empfehlen? Mir ist's recht – wünsch' Ihnen alles Gute! *(Zu Kulygin.)* Fedor Iljitsch – kommen Sie – wollen irgend wohin fahren. Nach Hause geh' ich um keinen Preis ... Kommen Sie mit!

Kulygin. Bedaure sehr lebhaft ... 's ist mir schon zu spät. *(Erhebt sich.)* Ich bin heut' zu müde. Ist meine Frau nach Hause gegangen?

Irina. Jedenfalls.

Kulygin *(küßt Irina die Hand).* Leb' wohl! Morgen und übermorgen bin ich den ganzen Tag frei. Wünsch' Euch eine gute Nacht. *(Er schickt sich an zu gehen.)* Ich hätte gar zu gern ein Glas Thee getrunken. Hab' mich darauf gefreut, den Abend in angenehmer Gesellschaft zu verbringen, aber – o fallacem hominum spem! ... Ein sogenannter Accusativ des Ausrufs ...

Werschinin. Ich muß also allein fahren. *(Pfeifend ab mit Kulygin.)*

Olga. Mein Kopf, mein armer Kopf ... Andrej hat im Spiel verloren ... Die ganze Stadt spricht davon ... Ich geh' zu Bett. *(Ist im Begriff zu gehen.)* Morgen hab' ich keinen Unterricht zu geben n ... O Gott, wie angenehm ist das! Morgen und übermorgen bin ich frei ... Ach, diese Kopfschmerzen ... *(Ab.)*

Irina *(allein).* Alle sind fort. Kein Mensch ist da. *(Von der Straße ertönt Harmonikaspiel; die Kinderfrau singt ein Wiegenlied.)*

Natascha *(geht in Pelz und Mütze durch den Saal; hinter ihr das Stubenmädchen).* In einer halben Stunde bin ich zu Hause. Ich will nur ein Bißchen spazieren fahren. *(Ab.)*

Irina *(allein, voll Verzweiflung).* Nach Moskau! Nach Moskau! Nach Moskau!

(Der Vorhang fällt.)

Dritter Act

Olgas und Irinas gemeinsames Zimmer. Links und rechts Betten mit Bettschirmen davor. Es ist drei Uhr nachts. Hinter der Scene wird die Sturmglocke geläutet, aus Anlaß einer Feuersbrunst, die bereits längere Zeit wütet. Es macht den Eindruck, als ob das ganze Haus noch auf den Beinen wäre.

1. Auftritt

Mascha *(liegt auf dem Divan, wie gewöhnlich in Schwarz),* **Olga** *und* **Anfissa** *(treten ein); später* **Ferapont.**

Anfissa. Sie sitzen jetzt unten, unter der Treppe ... Ich sage zu Ihnen: „Kommen Sie doch nach oben. Hier können Sie doch nicht bleiben," sag' ich. Und sie weinen: „Wir wissen nicht, wo Papa ist," sagen sie, „wenn er nur nicht verbrannt ist!" So'n Einfall! Auch auf dem Hofe sind Leute ... Kaum das Nötigste haben sie an.

Olga *(nimmt Kleider aus einem Schrank).* Da, nimm das graue Kleid hier ... und auch dieses da ...Hier die Jacke nimm gleichfalls ... Und diesen Unterrock ... Mein Gott, mein Gott, welch ein Unglück! Die ganze Kirßanowskigasse ist offenbar abgebrannt ... Auch das nimm ... und das ... *(Wirft ihr Kleidungsstücke zu.)* Die armen Werschinins müssen einen Heidenschreck bekommen haben ... Ihr Haus wäre um ein Haar auch verbrannt. Sie können bei uns übernachten ... nach
Hause kann man sie nicht gehen lassen ... Dem armen Fedotik ist alles verbrannt, nichts ist ihm geblieben ...

Anfissa. Ich möcht' den Ferapont rufen, Anjuschka, ich kann das nicht alles tragen ..

Olga *(klingelt).* Kein Mensch hört ... *(Öffnet die Thür und ruft hinaus.)* Kommt doch mal her, wer dort ist. *(Durch die geöffnete Thür sieht man ein Fenster, das vom Feuerschein gerötet ist; man hört, wie die Feuerwehr am Hause vorüberrasselt.)* Wie entsetzlich das ist! Und wie es einen mitnimmt! *(Ferapont tritt ein.)*

Olga *(zu Ferapont).* Nimm die Kleider hier und trag' sie hinunter. Unter der Treppe stehen die beiden Fräulein Kolotilin ... Bring' ihnen die Sachen hier ... Auch das gieb ihnen ...

Ferapont. Sehr wohl. Im Jahre Zwölf ist auch Moskau abgebrannt ... Herr Du meine Güte! Die Franzosen mögen sich schön gewundert haben!

Olga. Geh' nur, mach' rasch ...

Ferapont. Ich geh' schon. *(Entfernt sich.)*

Olga. Gieb alles hin, Altchen, wir brauchen nichts. Alles gieb, meine Liebe ... Ich bin so müde, halt' mich kaum auf den Beinen ... Die Werschinins können wir nicht nach hause lassen ... Die Mädchen bringen wir im Gastzimmer unter, und Alexander Ignatjewitsch kann
unten beim Baron bleiben. Fedotik wird auch beim Baron Platz finden, oder bei uns im Saal ... Der Doctor mußte sich gerade heut' betrinken, zu dem kann man niemanden schicken. Auch Werschinins Frau kann im Gastzimmer bleiben.

Anfissa. Oljuschka, mein Täubchen, hetz' Dich doch nicht so!

Olga. Wer hetzt Dich denn, Altchen? Sprich doch kein dummes Zeug.

Anfissa *(legt ihren Kopf an Olgas Brust).* Meine Teure, Goldene – ich arbeite doch, thu' doch, was ich kann – und wenn ich mal schwach werde, da heißt's gleich: Geh' Deiner Wege. Wohin soll ich denn gehen? Wohin denn? Achtzig Jahre bin ich alt, im zweiundachtzigsten ...

Olga. Setz' Dich nur, Altchen ... bist müde geworden, meine Ärmste. *(Führt sie zu einem Stuhl und läßt sie sich niedersetzen.)* Ruh' aus, meine Gute, wie blaß Du aussiehst! *(Natascha tritt ein.)*

2. Auftritt

Mascha *(auf dem Divan),* **Olga, Anfissa, Natascha;** *später* **Kulygin.**

Natascha. Es heißt, daß schleunigst ein Comité zur Hilfeleistung für die Abgebrannten gebildet werden soll. Ich finde die Idee sehr gut. Überhaupt muß den armen Leuten so rasch wie möglich Hilfe gebracht werden, das ist eine Pflicht der Reichen. Bobik und Sofotschka schlafen, als ob gar nichts wäre. Es sind heut' so viel Menschen im Hause. Wohin man sieht, nichts als Menschen. Dabei herrscht die Influenza in der Stadt. Ich habe wirklich Angst, daß die Kinder sich anstecken.

Olga *(hört nicht auf sie).* Hier im Zimmer sieht man gar nichts vom Feuer, ganz still ist's hier ...

Natascha. Ja. Ich seh' wohl ganz unordentlich aus? *(Vor dem Spiegel.)* Man sagt mir, ich sei stärker geworden ... Ich finde das gar nicht! Nicht im geringsten! Und **Mascha** schläft, ist müde geworden, die Ärmste ... *(Anfissa fröstelt.)* Wie kannst Du Dir erlauben, in meiner Gegenwart zu sitzen? Steh' auf! Mach, daß Du hinauskommst! *(Anfissa entfernt sich; Pause.)* Ich versteh' nicht, warum Du die Alte noch immer behältst!

Olga *(verwundert)*. Entschuldige, auch ich versteh' nicht ...

Natascha. Man braucht sie doch gar nicht! Sie ist eine Bäuerin, mag sie aufs Dorf gehen ... Ganz verhätschelt habt Ihr sie! Ich will im Hause Ordnung haben. Überflüssige Esser braucht man im Hause nicht. *(Streichelt Olgas Wange.)* Armes Kind, Du mußt Dich so abrackern! Unsere Schulvorsteherin ist müde! Wenn meine Sofotschka groß sein und das Gymnasium besuchen wird, werd' ich Angst vor Dir haben.

Olga. Ich werde nie Schulvorsteherin werden.

Natascha. Man wird Dich aber dazu erwählen.Es ist schon abgemacht.

Olga. Ich nehm's nicht an. Ich kann nicht ... *(Trinkt Wasser.)* Du warst eben so hart zu der Kinderfrau ... Ich kann das nicht ertragen ... Es wurde mir dunkel vor den Augen ...

Natascha *(erregt)*. Verzeih', **Olga**, verzeih' ... Ich wollte Dich nicht kränken.

Mascha *(erhebt sich, nimmt ihr Kissen und geht ärgerlich aus dem Zimmer)*.

Olga. Du wirst das begreifen, meine Liebe. Wir sind darin vielleicht etwas sonderbar erzogen, aber ich ertrage einmal so etwas nicht. Eine solche Behandlung Untergebener ist mir peinlich, schmerzlich ... Es drückt mich förmlich nieder.

Natascha. Verzeih' nur, verzeih' ... *(küßt sie)*.

Olga. Jede Gefühllosigkeit, mag sie noch so geringfügig sein, jedes unzarte Wort regt mich auf.

Natascha. Ich rede öfter mal 'was Unnötiges. Aber Du wirst zugeben, meine Liebe: sie paßt doch wirklich besser aufs Dorf.

Olga. Sie ist schon dreißig Jahre bei uns.

Natascha. Aber sie ist doch jetzt nicht mehr imstande zu arbeiten. Entweder versteh' ich Dich nicht, oder Du willst mich nicht verstehen. Sie ist einfach unfähig zur Arbeit, sie schläft nur oder sitzt herum.

Olga. So laß sie doch sitzen.

Natascha *(erstaunt).* Was heißt sitzen lassen? Sie ist doch ein Dienstbote! *(Unter Thränen.)* Ich versteh' Dich nicht, Olja. Ich hab' eine Amme und eine Kinderfrau, wir haben ein Stubenmädchen, eine Köchin ... Was soll uns noch diese alte Person? Was soll sie? *(Man hört die Feuerglocke.)*

Olga. Ich bin heut' nacht um zehn Jahre älter geworden.

Natascha. Wir müssen uns darüber einig werden, Olga. Du bist im Gymnasium – und ich zu Hause. Du hast mit dem Unterricht zu thun – und ich ... mit der Wirtschaft. Und wenn ich etwas über die Dienstboten sagen, dann weiß ich, was ich sage. *(Keifend.)* Ich weiß, was ich sa-age! ... Daß mir das alte Weibsstück morgen nicht mehr da ist, die alte Spitzbübin ... *(Sie stampft mit dem Fuße auf.)* Hexenpack! ... Reizt mich ja nicht, wagt es nicht! *(Sich plötzlich besinnend.)* Wahrhaftig, wenn Du nicht nach unten ziehst, Olga, dann wird's immer zwischen uns Zank geben. Das ist ja schrecklich. *(Kulygin tritt ein.)*

Kulygin. Wo ist Mascha? Es ist Zeit, daß wir nach Hause gehen. Das Feuer läßt nach, wie es heißt. *(Streckt die Glieder.)* Nur ein Stadtviertel ist abgebrannt, und es war doch so starker Wind. Man dachte anfangs wirklich, die ganze Stadt würde dem Brande zum Opfer fallen. *(Setzt sich.)* Ich bin so müde. Meine liebe Oletschka ... Ich denke so manchmal: Wenn **Mascha** nicht meine Frau wäre, dann würde ich Dich heiraten, Oletschka. Du bist ein Prachtmädchen ... Ganz erschöpft bin ich. *(Horcht nach etwas hin.*
Olga. Was giebt's?
Kulygin. Muß dieser Doctor sich grade heut' bekneipen! Einen mächtigen Rausch hat er. *(Er erhebt sich.)* Ich glaube, er kommt herauf. Horch! Da ist er, da ... *(Lacht.)* Wirkliche in Mordskerl, der Alte ... Ich will mich verstecken. *(Stellt sich hinter ein Spind in die Ecke.)* Ein toller Bursche!
Olga. Zwei Jahre lang hat er sich gehalten, und nun muß er sich auf einmal wieder betrinken. *(Entfernt sich mit Natascha nach dem Hintergrunde des Zimmers. Tschebutykin tritt ein, er geht gerade, ohne zu schwanken; er durchschreitet das Zimmer, bleibt stehen, sieht sich um, geht dann an den Waschständer und wäscht sich die Hände.)*

3. Auftritt

Olga *und* **Natascha;** *(im Hintergrunde),* **Kulygin** *(anfangs nicht sichtbar),* **Tschebutykin;** *bald darauf* **Irina,**
Werschinin *und* **Tusenbach;** *später* **Mascha.**
Tschebutykin. *(finster).* Der Teufel soll sie alle holen ... Denken, ich bin ein Doctor und versteh' mich auf Krankheiten ... Und dabei

hab' ich gar keine Ahnung, hab' alles vergessen, was ich wußte. Nichts weiß ich mehr, nicht das Geringste. *(Olga und Natascha entfernen sich, ohne daß er es bemerkt.)* Der Teufel soll's holen. Vorige Woche hab' ich drüben auf dem Eisenwerk eine Frau kuriert – natürlich ist sie gestorben, und ich bin schuld daran, daß sie gestorben ist, ja ... Vor fünfundzwanzig Jahren, da wußte ich wohl so Einiges, aber jetzt habe ich nicht 'nen Schimmer mehr, nicht 'nen blassen Schimmer. Wer weiß, vielleicht bin ich überhaupt kein Mensch, sondern stell' mich nur so, als ob ich Kopf, Arme und Beine hätte; vielleicht existier' ich gar nicht, vielleicht scheint's nur so, daß ich herumgehe, esse und schlafe. *(Weint.)* O, wenn ich doch gar nicht existierte! *(Hört auf zu weinen, finster.)* Weiß der Teufel ... Vorgestern unterhielten sie sich im Club; von Shakespeare und Voltaire redeten sie. Ich hab' nicht 'ne Zeile von beiden gelesen, und doch mußte ich so thun, als ob ich sie gelesen hätte. Und die andern machen es ganz ebenso wie ich. Wie abgeschmackt! Wie gemein! Und diese Frau, die ich am Mittwoch ins Jenseits befördert habe – auch die fiel mir ein ... Alles, alles fiel mir ein, und es wurde mir so scheußlich, so widerlich, so katzenjämmerlich zu Mute ... Na, und da ging ich hin – und betrank mich ... *(Irina, Werschinin und Tusenbach treten ein; letzterer trägt einen modernen Civilanzug.)*

Irina. Hier wollen wir bleiben, hierher kommt niemand.

Werschinin. Hätten die Soldaten nicht zugegriffen, dann wäre die ganze Stadt abgebrannt. Brave Kerls! *(Reibt sich zufrieden die Hände.)* Ein goldener Menschenschlag! Nein, was für brave Kerls!

Kulygin *(kommt auf Sie zu).* Wie spät ist's, meine Herren?

Tusenbach. Vier Uhr bereits. Es wird schon hell.

Irina. Alles sitzt im Saal, kein Mensch will gehen. *(Zu Tusenbach.)* Auch Ihr Soljony sitzt da ... *(Zu Tschebutykin.)* Sie sollten sich schlafen legen, Doctor,

Tschebutykin. So! ... Danke für den guten Rat. *(Kämmt seinen Bart.)*

Kulygin *(lacht).* Hat sich 'nen Affen gekauft, unser Iwan Romanytsch. *(Klopft dem Doctor auf die Schulter.)* Ein famoser Herr! In vino veritas, sagen die Alten.

Tusenbach. Von allen Seiten werde ich bestürmt, ich möchte ein Konzert für die Abgebrannten veranstalten.

Irina. Bin neugierig, wer darin auftreten sollte!

Tusenbach. Es würden sich schon Leute finden. Ihre Schwester zum Beispiel, Maria Sergejewna, spielt nach meiner Meinung ausgezeichnet Clavier.

Kulygin. Ausgezeichnet spielt sie!

Irina. Sie hat schon viel vergessen. Seit drei Jahren hat sie nicht mehr gespielt ... oder gar seit vieren!

Tusenbach. Hier in der Stadt hat kein Mensch eine Ahnung von Musik ... nicht eine Seele. Ich aber hab' ein Urteil darin, und ich versichere Sie, daß Maria Sergejewna großartig spielt ... beinahe talentvoll.

Kulygin. Sie haben recht, Baron. Ich liebe sie auch sehr, meine Mascha. Sie ist ein herrliches Geschöpf.

Tusenbach. Es ist schmerzlich, bei solchem Können sich sagen zu müssen: „Niemand, niemand weiß Dich zu würdigen.“

Kulygin *(seufzt).* Sehr richtig ... Aber schickt sich's auch für sie, in einem öffentlichen Concert aufzutreten? *(Pause.)* Ich weiß nicht ... vielleicht ist's sogar sehr löblich. Ich muß gestehen, daß unser Director, der sonst ein so trefflicher und gescheuter Mann ist, in mancher Hinsicht etwas sonderbare Ansichten hat ... Natürlich geht ihn die Sache nichts an, aber wenn Sie es wünschen, kann ich ja mit ihm darüber reden.

Tschebutykin. *(nimmt eine Porzellanuhr von ihrem platze und betrachtet sie).*

Werschinin *(betrachtet seine Kleider).* Ganz schmutzig hab' ich mich gemacht bei dem Feuer – wie ich aussehe! *(Pause.)* Gestern hörte ich davon munkeln, daß unsere Brigade versetzt werden soll. Irgend wohin sehr weit, die einen sagen nach dem Königreich Polen, die andern, nach Ostsibirien.

Tusenbach. Auch ich hab' davon gehört. Dann wird's hier vollends öde werden.

Irina. Und wie werden endlich von hier fortziehen!

Tschebutykin. *(läßt die Uhr fallen, die in Stücke geht,)* In Granatsplitter ... *(Pause; alle sind verlegen und aufgebracht.)*

Kulygin *(nimmt die Stücke auf).* Einen so kostbaren Gegenstand zu zerschlagen – ach, Iwan Romanytsch, Iwan Romanytsch! Sie verdienen im Betragen mindestens die Censur „ungenügend“!

Irina. Das ist die Uhr unserer verstorbenen Mama ...

Tschebutykin. Mag sein ... Ihrer verstorbenen Mama ... was geht mich das an? Vielleicht hab' ich sie gar nicht zerschlagen! Vielleicht scheint's nur so, daß ich sie zerschlagen habe. Vielleicht scheint es uns überhaupt nur, daß wir existieren, während wir in

Wirklichkeit gar nicht existieren! Ich weiß gar nichts ... Kein Mensch weiß überhaupt
'was ... *(An der Thür.)* Was guckt Ihr mich alle so an? Natascha hat eine Liebschaft mit Protopopow, und Ihr seht nichts ... Ihr sitzt da und seht nichts ... Ihr sitzt da und seht nichts – und Natascha liebelt inzwischen mit Herrn Protopopow ... *(Summt eine Melodie.)* Na, wie schmeckt Euch die Dattel? ... *(Ab.)*

Werschinin. Ja ... *(Lacht.)* Wie seltsam das doch alles ist! Pause. Als das Feuer ausbrach, lief ich so rasch als möglich nach Hause; ich komme und sehe – unser Haus ist ganz und außer jeder Gefahr, aber meine beiden Töchter stehen in leichten Nachtgewändern an der Thürschwelle, die Mutter ist nicht zu Hause, die Dienstboten rennen hin und her, Pferde und Hunde sind losgelassen, und auf den Gesichtern der armen Mädchen liegt ein so entsetzter, so banger, so flehender Ausdruck, was weiß ich; das Herz krampfte sich mir zusammen, als ich diese Gesichter sah. Mein Gott, dacht' ich, was werden diese armen Kinder in ihrem langen Leben noch durchzumachen haben! Ich nehme sie, eile mit ihnen fort, und habe immer nur den einen Gedanken: was werden sie noch durchzumachen haben auf dieser Welt? *(Pause.)* Und dann komm' ich hierher und finde hier ihre Mutter – sie schreit, sie wütet ... *(Mascha tritt ein, mit dem Kissen, und setzt sich auf den Divan.)* Und wie ich dort meine Mädchen an der Thürschwelle sah, im bloßen Nachtgewand, und die Straße ganz gerötet war vom Feuer und ringsum alles schrie und lärmte, da ging es mir durch den Kopf, wie oft wohl ähnliche Scenen damals vor vielen Jahren passiert sein mögen, wenn der Feind unerwartet ins Land einfiel und sengte und plünderte ... Und da fiel mir so recht der Unterschied auf zwischen einst und jetzt. Und wenn nun noch eine Spanne Zeit vergeht, sagen wir, zwei-, dreihundert ʹJahre, dann wird man auf unsere heutigen Zustände mit dem gleichen Gefühl des Schauderns und mit spöttischem Lächeln zurückblicken, und alles, was uns heut' vollendet scheint, wird man dann für plump und unbeholfen, für unpraktisch und absonderlich halten. O, was für ein herrliches Leben wird das dann sein, was für ein Leben! *(Lacht.)* Entschuldigen Sie nur, ich bin wieder ins Philosophieren hineingeraten. Aber lassen Sie mich weiter reden, Herrschaften, ich bin gerade jetzt in der Stimmung dazu. *(Pause.)* Sie scheinen alle recht schläfrig. Ich sage also: was für ein Leben wird das sein! Machen Sie sich's doch einmal klar! Jetzt giebt's in der ganzen Stadt nur drei solche Menschen wie Sie sind, aber die kommenden Geschlechter werden weit mehr solche Menschen aufzuweisen haben, immer mehr und mehr, und es wird eine Zeit kommen, da alles nach Ihrem Geschmack eingerichtet sein wird, alle so leben werden wie Sie – und schließlich wird auch Ihre Art als veraltet gelten, und es werden Menschen geboren werden, die noch höher stehen als Sie ... *(Er lacht.)* Heut' bin ich wirklich in ganz besonderer Stimmung. Möcht' mal so recht über die Stränge hauen ... *(Singt.)* "Wer mag ohn' Liebe sich begehn? Kein Alter kann ihr widerstehn! ..." *(Lacht.)*

Mascha. Tram – tam – tam ...

Werschinin. Tam ... tam ...

Mascha. Tra – ra – ra!

Werschinin. Tra – ta – ta. *(Lacht. Fedotik tritt ein, bald nach ihm Soljony.)*

4. Auftritt

Irina, Mascha, Tusenbach, Werschinin, Kulygin, Fedotik; *dann* **Soljony.**

Fedotik. Abgebrannt bin ich, total abgebrannt! Bis aufs Letzte. *(Gelächter.)*

Irina. Was ist das zu lachen? Ist Ihnen wirklich alles verbrannt?

Fedotik *(lacht).* Bis aufs Letzte. Nichts hab' ich behalten. Meine Guitarre ist verbrannt und mein photographischer Apparat und alle meine Briefe ... Ich wollte Ihnen ein Notizbuch schenken, – auch das ist verbrannt. *(Soljony tritt ein.)*

Irina. Halt! Bitte, gehen Sie fort, Wassili Wassiljewitsch! Hier dürfen Sie nicht herein!

Soljony. Warum darf denn der Baron 'rein – und ich nicht?

Werschinin. Wir müssen wirklich machen, daß wir fortkommen. Wie steht's denn mit dem Feuer?

Soljony. Es heißt, daß es nachläßt. Hm – ich muß mich wirklich darüber wundern, daß der Herr Baron hier bleiben darf und ich nicht!

Werschinin. Tram – tam.

Mascha. Tram – tam.

Werschinin *(lachend zu Soljony.).* Kommen Sie mit in den Saal.

Soljony. schön, den Fall wollen wir uns notieren. Ich hätte Lust, der Sache auf den Grund zu gehen, aber es könnte die Gänse reizen. *(Schaut auf Tusenbach.)* Zip, zip, zip … *(Ab mit Werschinin und Fedotik.)*

Irina. Wie dieser Soljony die Stube vollgequalmt hat!

… *(Entrüstet.)* Der Baron schläft. Baron! Baron!

Tusenbach *(erwachend).* Ich bin so müde … Die Ziegelei … Nein, ich phantasiere nicht – ich werde mir wirklich nächstens in einer Ziegelei Arbeit suchen … Hab' schon deshalb angefragt. *(Zu Irina, zärtlich.)* Sie sind so blaß, so schön, so bezaubernd … Ihre Blässe scheint das Dunkel zu erhellen, wie das Licht … Sie sind traurig, Sie sind unzufrieden mit dem Leben … O, kommen Sie mit mir, lassen Sie uns gemeinsam arbeiten.

Mascha. Nikolaj Lwowitsch, gehen Sie jetzt hier fort!

Tusenbach. Sie sind hier? Ich habe Sie nicht gesehen … *(Küßt Irina die Hand.)* Leben Sie wohl, ich gehe … Ich sehe Sie an und erinnere mich, wie anders Sie früher waren – damals zum Beispiel, an ihrem Namenstag. So frisch und froh waren Sie, und nur von den Freuden

der Arbeit sprachen Sie … Was für ein glückliches Leben erträumte ich damals! Wo sind meine Träume? *(Er küßt ihr die Hand.)* Ich sehe Thränen in Ihren Augen. Legen Sie sich zur Ruhe, es wird bereits hell … Der Morgen bricht an … Könnt' ich doch mein Leben für Sie opfern!

Mascha. Nikolaj Lwowitsch, gehen Sie jetzt! Nein, wirklich …

Tusenbach. Ich geh' schon … *(Ab.)*

Mascha *(sich niederlegend).* Du schläfst, Fedor?

Kulygin. Wie?

Mascha. Solltest lieber nach Haus gehen.

Kulygin. Meine liebe Mascha, meine teure **Mascha** ...
Irina. Laß sie ausruhen, Fedja, sie ist so erschöpft.
Kulygin. Ich gehe gleich ... Meine Frau ist ein schönes, prächtiges Weib ... Ich liebe Dich, meine Einzige ...
Mascha *(ärgerlich).* Amo, amas, amat, amamus, amatis, amant.
Kulygin *(lacht).* Nein, sie ist wirklich entzückend. Ich bin nun sieben Jahre mit Dir verheiratet, und es ist mir, als ob wir uns erst gestern verlobt hätten. Mein Ehrenwort! Nein, Du bist wirklich ein reizendes Weib. Ich bin zufrieden, zufrieden, zufrieden.
Mascha. Und mir ist's zuwider, zuwider, zuwider ... *(Sie richtet sich auf und spricht sitzend.)* Die Geschichte mit Andrej will mir nicht aus dem Sinn ... Einfach empörend finde ich das, wie ein Nagel sitzt mir's im Kopf, ich kann nicht schweigen. Verpfändet der Junge unser Haus in der Bank, und seine Frau nimmt das Geld einfach an sich. Das Haus gehört doch nicht ihm allein, sondern uns vier Geschwistern gemeinsam! Er muß das doch wissen, als anständiger Mensch ...
Kulygin. Reg' Dich darum nicht auf, Mascha. Was soll Dir das Haus? Andrjuscha hat eben Schulden – na, dann Gott mit ihm ...
Mascha. Jedenfalls ist sein Benehmen empörend. *(Sie legt sich nieder.)*
Kulygin. Wir brauchen darum keine Not zu leiden. Ich arbeite, unterrichte im Gymnasium, gebe Privatstunden ... Ich bin ein einfacher, ehrlicher Mensch ... Omnia mea mecum porto, wie man sagt.

Mascha. Ich brauche nichts weiter, aber die Ungerechtigkeit empört mich. *(Pause.)* Geh' jetzt, Fedor.
Kulygin. *(küßt sie).* Du bist müde, ruh' ein halbes Stündchen aus, und ich warte so lange ... Schlafe nur ... *(Entfernt sich.)* Ich bin zufrieden, zufrieden, zufrieden. *(Ab.)*
Irina. Mit unserem Andrej ist wirklich nichts mehr los. Er ist so fade geworden, so gealtert neben dieser Natascha. Früher schwärmte er davon, einmal Professor zu werden – und gestern prahlte er damit, daß er endlich zum Mitglied der Landschaftsverwaltung gewählt sei. Er ist Mitglied dieser Verwaltung, und Protopopow ist ihr Vorsitzender! ... Die ganze Stadt zischelt und lacht, nur er allein weiß von nichts und sieht nichts ... Alles ist zum Feuer gelaufen, und er hockt in seiner Stube und zeigt für nichts Teilnahme. Höchstens sein Geigenspiel interessiert ihn noch. *(Nervös.)* O, schrecklich, schrecklich, schrecklich! *(Sie weint.)* Ich kann und kann das nicht länger ertragen! ... Ich kann nicht, kann nicht, kann nicht ... *(Olga tritt ein.)*

5. Auftritt

Irina, Mascha, Olga, *später* **Natascha.**
Irina *(laut schluchzend).* Werft mich hinaus, werft mich hinaus! Ich kann hier nicht länger bleiben.
Olga *(bestürzt).* Was ist denn mit Dir, meine Liebe?
Irina *(schluchzend).* Wohin, wohin ist alles entschwunden? Wo ist es? O mein Gott, mein Gott, ich hab' alles vergessen! ...

Ganz wirr ist mir im Kopf ... Ich weiß nicht mehr, was das Fenster oder die Zimmerdecke auf italienisch heißt. Alles vergess' ich. Jeden Tag vergesse ich etwas. Das Leben entschwindet und kehrt niemals wieder. Niemals, niemals werden wir nach Moskau kommen. Ich sehe, daß wir nie hinkommen werden.

Olga. Beruhige Dich doch, meine Liebe.

Irina *(sucht sich zu beherrschen).* O ich Unglückliche ... Ich kann nicht arbeiten, werde nie arbeiten. Genug, genug! Ich war Telegraphistin, jetzt bin ich in der städtischen Verwaltung angestellt – und ich hasse, ich verachte alles, was man mir nur zu thun giebt ... Ich bin schon vierundzwanzig Jahre, ich arbeite nun schon so lange, und was hab' ich erreicht? Mein Gehirn ist wie ausgetrocknet, ich bin abgemagert, verdummt, gealtert, und nichts, nicht die geringste Befriedigung hab' ich in meiner Arbeit gefunden. Die Zeit entflieht so rasch, und es ist mir, als ob ich mich von dem wahren, wirklich schönen Leben immer mehr entferne – als ob ich in einen Abgrund versinke. Ich bin ganz verzweifelt – daß ich noch lebe, daß ich noch nicht Selbstmord begangen habe, ist mir unbegreiflich ...

Olga. Weine nicht, mein Herzchen, weine nicht, Du machst mir das Herz so schwer ...

Irina. Ich will auch nicht mehr weinen. Genug ... Siehst Du, ich weine wirklich nicht mehr. Genug, genug!

Olga. Als Schwester, als Freundin sage ich Dir's, mein Kind: wenn Du meinen Rat hören willst, heirate den Baron!

Irina *weint.*

Olga *(leise).* Es ist doch ein Mann, den Du achten und schätzen kannst ... Er ist allerdings nicht hübsch, aber er ist so ordentlich und hält auf sich ... Man heiratet doch nicht aus Liebe, sondern um seine Pflicht zu erfüllen ... Ich wenigstens denke so, ich würde auch ohne Liebe heiraten. Jeden, der mich haben will, würde ich nehmen, wenn's nur ein ordentlicher Mensch ist ... Selbst einen Alten würde ich nicht abweisen ...
Irina. Ich dachte immer, wenn wir nach Moskau ziehen, würde ich den mir vom Schicksal Bestimmten finden – ich habe von ihm geschwärmt, hab' ihn im Traume geliebt ... Es waren eben Träume, Hirngespinste ...
Olga *(umarmt die Schwester).* Meine liebe, meine schöne Schwester, ich kann alles verstehen! Als Baron Nikolaj Lwowitsch damals den Dienst quittierte und das erste Mal in Civil zu uns kam, erschien er mir so häßlich, daß ich sogar weinte ... Er fragte mich: „Warum weinen Sie?" Was sollte ich ihm sagen? Wenn's aber Gott so fügte, daß er Dich heiratet, dann wäre ich glücklich. Das ist etwas Anderes, etwas ganz Anderes ...
Natascha geht schweigend mit einer brennenden Kerze über die Bühne, von der rechten Tür nach der linken.
*(**Natascha** geht schweigend mit einer brennenden Kerze über die Bühne, von der rechten Thür nach der linken.)*
Mascha *(richtet sich auf).* Wie sie umherschleicht – als ob sie das Haus anzünden wollte!
Olga. Du bist dumm, Mascha. In unserer ganzen Familie bist Du die Dümmste. Nimm's nicht übel, aber es ist so. *(Pause.)*

Mascha. Ich muß Euch etwas beichten, liebe Schwestern. Es liegt mir so schwer auf der Seele. Euch will ich's beichten, und sonst keinem Menschen, niemals ... Ich sag's Euch gleich. *(Leise.)* Es ist mein Geheimnis, aber Ihr sollt alles wissen ... Ich kann's nicht verschweigen ... *(Pause.)* Ich liebe, liebe ... ich liebe diesen Menschen ... Ihr habt ihn eben gesehen ... Na, mit einem Wort: ich liebe Werschinin ...
Olga *(geht hinter ihren Bettschirm).* Schweig! Ich will nichts hören.
Mascha. Was soll ich dazu thun? *(Faßt sich an den Kopf.)* Er schien mir anfangs ein Sonderling, dann hatte ich Mitleid mit ihm ... Dann gewann ich ihn lieb ... ihn samt seiner Stimme, seinen langen Reden, seinem Unglück, seinen beiden Mädchen ...
Olga *(hinter dem Bettschirm).* Ich habe nichts gehört. Erzähl' so viel Dummheiten, wie Du willst, ich höre gar nichts.
Mascha. Ach, Du bist dumm, Olga. 's ist eben mein Schicksal, daß ich ihn liebe, mein Verhängnis ... Und er liebt mich wieder ... Das alles ängstigt mich so. Es ist unrecht, nicht wahr? *(Sie faßt Irinas Hand und zieht sie an sich.)* O, meine Lieben, wie wird's uns noch ergehen im Leben! Was wird aus uns noch werden ... Wenn Du einen Roman liest, dann scheint Dir alles darin so abgedroschen, so banal. Aber wenn Du Dich selbst verliebst, dann siehst Du erst, wie ernst die Sache ist. Unsinn ist's, was diese Romanschreiber von der Liebe faseln. Man muß so etwas erst selbst durchkämpfen. Meine lieben, guten Schwestern ... ich hab's Euch gebeichtet. Jetzt werde ich schweigen ... Wie der Verrückte bei Gogol kenne ich nichts als ... Schweigen ... Schweigen ...

(Andrej tritt auf, hinter ihm Ferapont.)

6. Scene

Olga, Irina, Mascha, Andrej,
Ferapont; *dann* **Werschinins** *Stimme, später* ***Kulygin.***

Andrej *(ärgerlich).* Was willst Du eigentlich?

Ferapont *(in der Thür, ungeduldig).* Ich hab's Ihnen doch schon zehnmal gesagt, Andrej Sergejewitsch!

Andrej. Erstens heiß' ich für ich nicht Andrej Sergejewitsch, sondern Euer Hochwohlgeboren.

Ferapont. Also, Euer Hochwohlgeboren, die Feuerwehr läßt bitten, daß Sie ihr erlauben, durch Ihren Garten nach dem Flusse zu fahren. Sonst müssen sie immer im Bogen herumfahren und ihre Zeit vertrödeln.

Andrej. Meinetwegen. Sag ihnen, ich hätte nichts dagegen. *(Ferapont ab.)*

Andrej. Der Kerl hat mich was gequält. Wo ist Olga? *(Olga kommt hinter dem Bettschirm hervor.)* Ich bin zu Dir gekommen ... Gieb mir doch den Schlüssel vom Schrank, ich habe meinen verloren. Du hast doch so einen kleinen Schlüssel ...

Olga *(reicht ihm schweigend den Schlüssel).*

Irina *(geht hinter ihren Bettschirm; Pause).*

Andrej. Was für ein furchtbares Feuer! Jetzt hat es sich gelegt ... Weiß der Teufel, dieser Ferapont hat mich zu sehr erbost. Was für eine Dummheit sagte ich ihm da ... „Euer Hochwohlgeboren“?! *(Pause.)* Warum schweigst Du denn, Olga? *(Pause.)* 's ist endlich Zeit, diese Dummheiten zu lassen ...

Wie kann man so um nichts und wider nichts schmollen? Auch Mascha und Irina sind da – das trifft sich gerade gut. Wir wollen uns gründlich aussprechen, ein für allemal. Was habt Ihr gegen mich? Was?

Olga. Laß uns in Ruhe, Andrej. Morgen können wir uns aussprechen. *(Erregt.)* Was für eine qualvolle Nacht!

Andrej. Reg' Dich nicht auf. Ich frage Euch ganz kühl: was habt ihr gegen mich? Redet ohne Umschweife!

Werschinin's *Stimme.* Tram – tam – tam!

Mascha *(erhebt sich, laut).* Tra – ta – ta! *(Zu Olga.)* Leb' wohl, Olja. Der Herr behüte Dich! *(Geht hinter Irinas Bettschirm und küßt sie.)* Schlafe sanft! Leb' wohl. Andrej! Geh' jetzt fort, sie sind müde ... Morgen könnt ihr Euch aussprechen. *Ab.*

Olga. Wirklich, Andrjuscha, laß es bis morgen ... *(Geht hinter ihren Bettschirm.)* Laß uns endlich schlafen gehen.

Andrej. Ich geh' gleich. Nur ein paar Punkte möcht' ich erwähnen ... Erstens scheint es mir, daß Ihr gegen Natascha etwas habt, und zwar bemerke ich das schon seit dem Tage meiner Hochzeit. Meine Frau ist ein braver, edler Charakter, einfach und treuherzig – das ist meine Meinung. Ich liebe und achte meine Frau – und ich verlange, daß auch andere sie achten. Ich wiederhole, sie ist ein edler, braver Charakter, und alle Eure Ausstellungen sind, verzeiht mir das Wort, einfach Launen, altjüngferliche Schrullen. Alte Jungfern können sich eben nie mit ihren Schwägerinnen vertragen, das ist immer so gewesen. *(Pause.)* Zweitens scheint Ihr Euch darüber zu ärgern, daß ich nicht Professor geworden bin, nicht wissenschaftlich arbeite. Aber dafür bin ich doch in der

Landschaft, und diesen Dienst halte ich für ebenso hehr und heilig, wie den Dienst der Wissenschaft. Ich bin
Mitglied der Landschaftsverwaltung, und ich bin stolz darauf, wenn Ihr es wissen wollt ... *(Pause.)* Und drittens ... hätt' ich noch eins zu erwähnen ... Ich habe das Haus verpfändet, ohne Euch um Erlaubnis zu fragen ... Hier bin ich im Unrecht und bitte Euch um Verzeihung. Meine Schulden haben mich dazu getrieben ... Fünfunddreißigtausend ... Jetzt spiel' ich nicht mehr, schon lange nicht. Wenn ich nach einer Rechtfertigung suche, so ist's höchstens die, daß ich nicht, wie Ihr vom schönen Geschlecht, nach Papas Tode eine Pension bezog ... *(Pause.)*

Kulygin *(spricht zur Thür hinein).* Ist Mascha da? *(Besorgt.)* Wo ist sie denn? Das ist doch seltsam ...

Andrej. Sie hören nicht. Natascha ist ein ausgezeichnetes, braves Weib. *(Geht schweigend auf und ab und bleibt dann stehen.* Als ich heiratete, dachte ich, es würde zum Glück für uns sein ... für uns alle ... Aber, Du mein Gott ... *(Weint.)* Meine lieben Schwestern, teure Schwestern – glaubt mir nicht, glaubt mir nicht! *(Ab.)*

Kulygin *in der Thür, unruhig).* Wo ist Mascha? Ist Mascha nicht hier? Wie merkwürdig ... *(Ab.)*

(Sturmgeläut; die Bühne ist leer.

Irina *(hinter dem Bettschirm).* Olja, wer klopft denn da gegen den Fußboden?

Olga. Der Doctor ist's, er ist betrunken.

Irina. Was für eine tolle Nacht! *(Pause.)* Olja! *(Guckt hinter dem Bettschirm hervor.)* Hast Du gehört? Die Brigade kommt fort von uns. Sie wird irgendwohin verlegt, ganz weit weg ...

Olga. Das sind wohl nur Gerüchte.
Irina. Wir sind dann ganz verlassen ... Olga!
Olga. Nun?
Irina. Meine Liebe, Teure – ich achte und schätze den Baron. Er ist ein trefflicher Mensch, ich will ihn heiraten, bin einverstanden – aber wir müssen nach Moskau ziehen. Ich flehe Dich an, laß uns hinziehen! Es giebt auf der ganzen Welt nichts Schöneres als Moskau. Laß uns hinziehen, Olja, laß uns hinziehen! ...
(Der Vorhang fällt.)

Vierter Act

Ein alter Garten neben dem Prosorowschen Hause. Eine lange Tannenallee, an deren Ende der Fluß sichtbar ist. Jenseits des Flusses ein Wald. Rechts die Terrasse des Hauses. Es ist zwölf Uhr mittags. Von der Straße nach dem Flusse gehen ab und zu Passanten durch den Garten.

Erster Auftritt

Tschebutykin. *ist in gemütlicher Stimmung, die ihn den ganzen Act hindurch nicht verläßt; sitzt mit Mütze und Stock in einem Sessel im Garten, als ob er wartete, bis man ihn ruft* **Irina, Kulygin,** *ohne Schnurrbart, mit einem Orden um den Hals und* **Tusenbach** *stehen auf der Terrasse und geben* **Fedotik** *und* **Rode** *das Geleit; die letzteren, in Felduniform,* *gehen langsam die Terrasse hinunter. Später im Hintergrunde* **Mascha.**

Tusenbach *(küßt Fedotik).* Sie sind ein trefflicher Mensch, wir haben uns so gut vertragen. *(Küßt auch Rode.)* Noch einmal ... Leben Sie wohl, mein Teurer ...

Irina. Auf Wiedersehen.

Fedotik. Nicht auf Wiedersehen, sondern: Adieu für immer! Wir werden uns nie mehr sehen.

Kulygin. Wer weiß! *(Wischt sich die Augen und lächelt.)* Auch ich fang' an zu weinen.

Irina. Irgend einmal werden wir uns schon begegnen.

Fedotik. In zehn, fünfzehn Jahren vielleicht! Aber dann werden wir einander kaum wiedererkennen, uns höchstens kalt grüßen ... *(Photographiert sie.)* Bleiben Sie stehen ... zum allerletzten Mal!

Rode *(umarmt Tusenbach).* Wir werden uns nie wiedersehen ... *(Küßt Irinas Hand.)* Meinen Dank für alles, für alles!

Fedotik *(ärgerlich).* So wart' doch!

Tusenbach. Vielleicht führt uns Gott doch wieder zusammen. Schreiben Sie an uns – schreiben Sie ganz bestimmt!

Rode *(läßt seinen Blick über den Garten schweifen.)* Lebt wohl, Ihr Bäume! *(Schreit.)* Hopp hopp! *(Pause.)* Leb' auch Du wohl, Echo!

Kulygin. Vielleicht verheiraten Sie sich dort in Polen ... mit einer Polin! Ihre Gattin wird Sie zärtlich umarmen und Sie „Kochany“ nennen. *(Er lacht.)*

Fedotik *(sieht auf die Uhr).* Wir haben kaum noch eine Stunde Zeit. Von unsrer Batterie fährt nur Soljony auf der Barke mit, wir andern marschieren mit dem Gros. Heute rücken drei Batterieen aus, die halbe Division, und morgen wieder drei – dann wird es hier still und einsam werden.

Tusenbach. Und schrecklich langweilig.

Rode. Wo ist denn Maria Sergejewna?

Kulygin. Mascha ist im Garten.

Fedotik. Ich möcht' mich von ihr verabschieden.

Rode. Lebt wohl, wir müssen gehen, sonst fang' ich noch an zu plärren. *(Umarmt rasch Tusenbach und Kulygin, küßt Irina die Hand.)* Ein prächtiges Leben haben wir hier geführt ...

Fedotik *(zu Kulygin.)* Hier – ein kleines Andenken für Sie: ein Notizbuch mit Bleistift ... Wir gehen hier herunter, nach dem Flusse zu ... *(Sie entfernen sich und sehen sich dabei um.)*

Rode *(schreit).* Hopp hopp!

Kulygin *(schreit).* Lebt wohl! *(Im Hintergrunde treffen Fedotik und Rode mit Mascha zusammen und verabschieden sich von ihr; sie geht hinter ihnen her.*

2. Auftritt

Irina, Tusenbach, Tschebutykin, Kulygin; *im Hintergrunde später* **Andrej;** *am Schluß des Auftritts* **Natascha.**

Irina. Nun sind sie fort ... *(Setzt sich auf die unterste Stufe der Terrasse.)*

Tschebutykin. Und von mir haben Sie keinen Abschied genommen!

Irina. Warum haben Sie sich nicht gemeldet?

Tschebutykin. Auch ich hab's ganz vergessen. Übrigens seh' ich sie ja bald wieder, morgen marschier' ich ab. Ja ... Noch ein Tag bleibt mir. Übers Jahr bekomm' ich den Abschied, dann zieh' ich wieder hierher und bringe den Rest meiner Tage hier bei Ihnen zu ... Nur ein Jahr fehlt mir noch, dann werde ich pensioniert ... *(Steckt die Zeitung in die Tasche und zieht eine andere heraus.)* Und wenn ich dann hier bei Ihnen bin, ändere ich meine Lebensweise radikal ... So still, so fromm, so ehrbar will ich werden ...
Irina. 's wär' auch Zeit, liebes Doctorchen, daß Sie Ihre Lebensweise ändern!
Tschebutykin. Ja. Ich fühl' es selbst. *(Singt leise vor sich hin.)* Tarara-bumbia ... sei nur kein Lump ja ...
Kulygin. Unser Doctor ist unverbesserlich, unverbesserlich.
Tschebutykin. Ich müßte noch 'mal zu Ihnen in die Schule gehen. Vielleicht bessere ich mich dann.
Irina. Fedor hat sich den Bart abnehmen lassen. Ich kann ihn nicht ansehen.
Kulygin. Warum denn?
Tschebutykin. Ich könnt' Ihnen schon sagen, womit Ihre Physiognomie jetzt Ähnlichkeit hat, aber ich wag's nicht.
Kulygin. Es ist 'mal bei uns so Usus. Der Director trägt keinen Schnurrbart – also hab' auch ich meinen Schnurrbart wegrasieren lassen, als ich Inspektor wurde. Alle Welt findet es abscheulich, aber ich mache mir nichts daraus. Ich bin zufrieden. Ob ich einen Schnurrbart trage oder nicht – ich bin stets zufrieden ... *(Setzt sich.)*

(Im Hintergrunde der Bühne schiebt Andrej einen Wagen mit einem schlafenden Kinde.)

Irina. Iwan Romanowitsch, mein Liebster, Bester – ich bin in solcher Unruhe! Sie waren gestern auf der Promenade – sagen Sie, was ist da vorgefallen?

Tschebutykin. Was vorgefallen ist? Nichts. Dummes Geschwätz. *(Liest die Zeitung.)*

Kulygin. Man erzählt sich, daß Soljony und der Baron gestern auf der Promenade, in der Nähe des Theaters, ein Rencontre hatten …

Tusenbach. Hören Sie auf! Gar nichts ist vorgefallen … *(Winkt mit der Hand ab und geht ins Haus.)*

Kulygin. In der Nähe des Theaters … Soljony benahm sich zudringlich gegen den Baron, und der konnte nicht an sich halten und sagte ihm irgend etwas Beleidigendes …

Tschebutykin. Ich weiß nichts. Alles dummes Geschwätz.

Kulygin. Es heißt, daß Soljony in Irina verliebt ist und den Baron haßt … Daß Irina auf ihn Eindruck gemacht hat, kann ich schon begreifen – sie ist ein sehr schönes Mädchen. Sie ist sogar Mascha ähnlich, ebenso ernst veranlagt ist sie. Nur ist Dein Charakter sanfter, Irina. Übrigens hat auch Mascha einen sehr guten Charakter. Ich liebe sie, meine Mascha …

(Im Hintergrunde des Gartens, hinter der Szene, ertönen Rufe: Au! Hopp hopp!)

Irina *(fährt zusammen).* Ich weiß nicht, mich erschreckt heut' alles. *(Pause.)* Ich habe schon alles vorbereitet, nach dem Mittagessen schicke ich meine Sachen fort. Morgen lasse ich mich mit dem Baron trauen, dann fahren wir gleich nach der

Ziegelbrennerei, und übermorgen bin ich schon in meiner Schule – ein neues Leben beginnt. Gott wird mir schon weiterhelfen! Wie ich mein Lehrerinnen-Examen ablegte, weinte ich vor Freude und Rührung ... *(Pause.)* Gleich muß der Fuhrmann nach meinen Sachen kommen.

Kulygin. So, so – das ist alles sehr schön, nur ist's wohl nicht ernst zu nehmen. Nichts weiter als Ideen und wenig Ernst dahinter. Im übrigen wünsch' ich Dir von Herzen Glück.

Tschebutykin. *(zärtlich).* Mein liebes, herziges Kind ... meine Goldene! Ihr seid recht weit vorgeschritten ... Man kann Euch wirklich nicht einholen! ... Bin weit hinter Euch zurückgeblieben, wie ein Kranich, der alt geworden ist und nicht mehr fliegen kann ...Fliegt, meine Lieben, fliegt mit Gott! *(Pause.)* Schade, Fedor Iljitsch, daß Sie sich den Schnurrbart haben abrasieren lassen.

Kulygin. Hören Sie endlich auf!

Tschebutykin. Jetzt wird Ihre Frau vor Ihnen Angst haben.

Kulygin. Durchaus nicht. Heut' marschieren sie ab, und alles wird wieder sein wie früher. Was man auch reden mag, Mascha ist eine brave, gute Frau. Ich liebe sie sehr und preise mein Geschick ... Das Schicksal der Menschen ist so verschieden ... Hier dient bei der Accise ein gewisser Kosyrew, der hat mit mir zusammen die Schule besucht, mußte aber schon aus der fünften Klasse des Gymnasiums abgehen, weil er das ut consecutivum durchaus nicht begreifen konnte. Es geht ihm recht kläglich. Er ist krank, und wenn ich ihn treffe, begrüße ich ihn jedesmal:
„Guten Tag, ut consecutivum!“ “Ja,“ meint er, „gerade das consecutivum“ – und er hustet dabei! ... Und mir ist's mein

ganzes Leben lang gut gegangen, ich bin glücklich, habe sogar den Stanislausorden zweiter Klasse und bringe jetzt andern das ut consecutivum bei. Ich bin allerdings ein verständiger Mensch – verständiger, als sehr viele andere, aber schließlich beruht auch darin nicht das Glück ... *Pause.* 's ist eben alles unbegreiflich ... hier auf dieser Welt ...

Im Hause wird auf dem Clavier das „Gebet der Jungfrau" gespielt.

Irina. Morgen abend werde ich nicht mehr dieses „Gebet der Jungfrau" hören, nicht mehr Herrn Protopopow hier im Hause begegnen ... *Pause.* Er sitzt wieder drinnen im Gastzimmer. Auch heut' ist er gekommen.

Kulygin. Ist die Vorsteherin nicht da?

Irina. Nein, aber man hat nach ihr geschickt. Wenn Ihr doch wüßtet, wie schwer es mir wird, hier so ganz allein, ohne Olga, zu leben! Sie wohnt jetzt im Gymnasium, ist Vorsteherin, hat den ganzen Tag zu thun – und ich bin hier ganz verlassen, langweile mich, habe keine Beschäftigung und hasse das Zimmer, in dem ich wohne ... Ich bin nun schon entschlossen: wenn's einmal nichts sein soll mit Moskau – gut, dann ergebe ich mich drein. Dann ist's eben mein Schicksal, gegen das ist nicht anzukämpfen ... Alles liegt eben in Gottes Hand. Niko Lwowitsch hat mir einen Antrag gemacht ... Ich überlegte mir's – und schlug ein ... Er ist ein braver Mensch, ganz ungewöhnlich brav ist er ... Und mit einem Male ist mir,

als ob meiner Seele Flügel gewachsen wären. Ich bin heiterer geworden, leicht wurde mir ums Herz, und ich verspürte wieder

Lust zu arbeiten … Gestern aber ist irgend etwas passiert, irgendein Geheimnis hängt drohend über mir …
Tschebutykin. Dummes Geschwätz!
Natascha. *(ruft zum Fenster hinaus).* Die Vorsteherin!
Kulygin. Ah, die Vorsteherin ist gekommen! Wir wollen hineingehen. *(Ab mit Irina ins Haus.)*
Tschebutykin. *(sieht in die Zeitung, für sich.)* Ja, was Du auch einwenden magst, Iwan Romanowitsch – 's ist längst Zeit, daß Du Deine Lebensweise änderst … Tarara bumbia … sei nur kein Lump ja! *(Mascha kommt auf ihn zu, aus dem Hintergrunde. Andrej schiebt einen Kinderwagen heran.)*

3. Auftritt

Tschebutykin, Mascha, *dann* **Andrej** *und später* **Ferapont.**
Mascha. Da sitzt er nun und sitzt …
Tschebutykin. Und was weiter?
Mascha. Nichts … *(Pause.)* Sie haben meine Mutter geliebt?
Tschebutykin. Sehr.
Mascha. Hat sie Sie auch geliebt?
Tschebutykin. *(nach einer Pause).* Das weiß ich nicht mehr.
Mascha. Ist der Meinige hier? So nannte unsere frühere Köchin Marfa ihren Polizeiwachtmann: „der Meinige“. Also, ist der Meinige da?
Tschebutykin. Noch nicht.
Mascha. Wenn man das Glück nur so brockenweise genießt wie ich und es dann verliert, kann man wirklich so grob und boshaft werden wie eine Köchin … *(Zeigt auf ihre Brust.)* Hier drinnen

kocht es ... Wen ich 'mal gehörig durchprügeln möchte, das ist unser Brüderchen Andrjuschka. Diese Vogelscheuche! Alle Hoffnung hat er vernichtet. Wie eine Glocke kommt er mir vor, die wer weiß wie viel Mühe und Geld kostet und plötzlich, während tausend andächtige Menschen sie hoch heben, herunterstürzt und in Stücke geht. Ganz plötzlich, mir nichts, Dir nichts! *(Andrej kommt mit seinem Kinderwagen an.)*

Andrej. Wann wird's denn endlich im Hause ruhig werden? Dieser Lärm!

Tschebutykin. Bald wird's ganz ruhig werden. *(Sieht auf die Uhr.)* Eine spaßige Uhr hab' ich, mit einem Schlagwerk ... *(Läßt die Uhr schlagen.)* Die erste, zweite und fünfte Batterie marschieren in einer Stunde. *(Pause.)* Und ich ziehe morgen ab.

Andrej. Für immer?

Tschebutykin. Ich weiß nicht, vielleicht komm' ich in einem Jahre wieder.

(Man hört irgendwo in der Ferne Harfen- und Geigenspiel.)

Andrej. Es wird still werden in der Stadt, als wenn ihr jemand eine Schlafmütze aufgesetzt hätte. *(Pause.)* Gestern soll irgend etwas passiert sein, in der Nähe des Theaters ... Alle reden davon, nur ich weiß von gar nichts.

Tschebutykin. 's ist nichts weiter, Dummheiten sind's. Soljony benahm sich zudringlich gegen den Baron, und dieser wurde hitzig und beleidigte ihn. Schließlich kam's so weit, daß Soljony ihn forderte. *(Sieht nach der Uhr.)* Ich dachte, es wäre schon Zeit ... Um halb eins geht's los, dort drüben im Wäldchen, jenseits des Flusses ... Piff – paff! *(Lacht.)* Soljony bildet sich ein, daß er Lermontow sei und sogar Verse schreibe. Aber Spaß beiseite – 's ist schon sein drittes Duell!

Mascha. Von wem reden Sie?

Tschebutykin. Von Soljony.

Mascha. Und der Baron?

Tschebutykin. Was, der Baron? *(Pause.)*

Mascha. Mir ist ganz wirr im Kopfe ... Man sollte es doch zu verhindern suchen! Wie leicht kann er den Baron verwunden oder gar töten!

Tschebutykin. Der Baron ist ein prächtiger Junge, aber ein Baron mehr oder weniger – was kommt's darauf an? Lassen wir sie.

(Vom Flußufer wird gerufen: „Au! Hopp hopp!")

Tschebutykin. Kannst warten. Das ist Skworzow, der Sekundant. Er sitzt schon im Boote. *(Gähnt.)*

Andrej. Nach meiner Ansicht ist es einfach unsittlich, an einem Duell teilzunehmen, sei es auch nur als Arzt.

Tschebutykin. Das scheint nur so ... Wir existieren ja gar nicht, es existiert überhaupt nichts in der Welt ... Es scheint nur so, daß wir da sind.

Mascha. Hier in dem Neste kennt man nichts weiter als Klatschen und Klatschen ... Das abscheuliche Klima, und dieses Geklätsch dazu ... es kann einem wirklich das Leben verleiden. *(Bleibt stehen.)* Ich geh' nicht ins Haus ... Ich kann nicht dahin gehen ... Wenn Werschinin kommt, sagen Sie es mir ... *(Geht die Allee hinunter.)* Die Zugvögel sind schon unterwegs ... *(Schaut nach oben.)* Wilde

Schwäne oder Gänse ... Fliegt, meine Lieben, meine Glücklichen ... *(Ab.)*

Andrej. Das Haus wird bald ganz leer werden. Die Offiziere sind fort, Sie, Doctor, verlassen uns, die Schwester heiratet – und ich bleibe ganz allein in dem Hause.

Tschebutykin. Und Deine Frau?

(Ferapont kommt mit Actenstücken.)

Andrej. Meine Frau ... ist meine Frau, sie ist brav und ordentlich – na und auch gut. Aber bei alledem ist etwas so Kleinliches, Ruppiges, Boshaftes in ihr, das sie zum Tier erniedrigt. Vom besseren Menschen hat sie nur wenig an sich. Vielleicht bin ich ungerecht – aber was thut's, mag ich's sein! Ich spreche zu Ihnen wie zu einem Freunde – Sie sind der einzige Mensch, dem ich anvertrauen kann, was in meiner Seele vorgeht. Ich liebe Natascha, gewiß – aber manchmal scheint sie mir so überaus gemein, und dann bin ich ganz fassungslos und kann nicht begreifen, warum ich sie nur so liebe – oder wenigstens geliebt habe ...

Tschebutykin. *(erhebt sich).* Ich fahre morgen fort, Bruder. Vielleicht sehen wir uns nie mehr wieder. Höre also meinen Rat: setz Deinen Hut auf, nimm den Stock in die Hand und mach Dich aus dem Staube! Mach Dich aus dem Staube und geh', geh', ohne zurückzuschauen – und je weiter Du weggehst, desto besser ...

(Soljony geht im Hintergrunde der Scene mit zwei Offizieren vorüber; sobald er Tschebutykin erblickt, kommt er auf ihn zu; die Offiziere gehen weiter.)

4. Auftritt

Tschebutykin, Soljony, Andrej; *(später)* **Ferapont.**

Soljony. Doctor, es ist Zeit! Es ist schon halb eins. *(Begrüßt Andrej, der den Kinderwagen vor sich herschiebt.)*

Tschebutykin. Sofort. Ich hab' Euch alle im Magen. *(Zu Andrej.)* Wenn jemand nach mir frägt, Andrjuscha, dann sag', ich würde gleich wieder da sein. *(Seufzt.)* Oho – ho – ho!

Soljony. "Kaum hatte er noch ach! gesagt, als ihn der Bär am Halse packt.“ *(Geht mit Tschebutykin.)* Was ächzen Sie denn so, Alter?

Tschebutykin. Ach, laßt mich!

Soljony. Sind wohl nicht recht auf dem Posten?

Tschebutykin. *(ärgerlich.)* Still – sonst giebt's was zu kosten!

Soljony. Seht doch, wie der Alte sich aufregt! Ich thu' ihm ja weiter nichts, nur etwas anschießen werde ich ihn, wie 'ne Waldschnepfe. *(Zieht ein Parfümfläschchen heraus und besprengt damit seine Hände.)* Ein ganzes Flacon hab' ich schon verbraucht, und sie riechen noch immer. Nach Leichen riechen sie. *(Pause.)* Erinnern Sie sich der Verse: „Er aber sucht die wilden Stürme, als ob im Sturm der Friede wohnt'„?

Tschebutykin. Ja. „Kaum hatte er noch ach! gesagt, als ihn der Bär am Halse packt.“ *(Ab mit Soljony. Man hört rufen: „Hopp hopp! Au!“ Andrej kommt in den Vordergrund der Bühne, mit ihm Ferapont.)*

Ferapont. Hier sind Papiere zu unterschreiben ...

Andrej *(nervös.)* Laß mich in Ruhe! Laß mich! Ich bitte Dich! *(Ab mit dem Kinderwagen.)*

Ferapont. Dazu sind doch die Papiere da, daß sie unterschrieben werden! *(Ab in den Hintergrund der Bühne.)*

(Irina tritt auf, mit ihr Tusenbach im Strohhut und Kulygin, der über die Bühne schreitet und ruft: „Au! Mascha, au!“)

5. Auftritt

Irina, Tusenbach.

Tusenbach *(nach dem forteilenden Kulygin winkend).* Ich glaube, das ist der einzige Mensch in der Stadt, der sich über den Abmarsch der Garnison freut!

Irina. Das läßt sich begreifen. *(Pause.)* Unsere Stadt wird jetzt ganz veröden.

Tusenbach. Ich muß jetzt einen Augenblick fort, meine Liebe – bin aber bald wieder zurück.

Irina. Wohin willst Du denn?

Tusenbach. Ich muß in die Stadt ... muß den Kameraden das Geleit geben.

Irina. Es ist nicht wahr ... Warum bist Du heut' so zerstreut, Nikolaj? *(Pause.)* Was ist gestern vor dem Theater passiert?

Tusenbach *(mit einer ungeduldigen Bewegung).* In einer Stunde bin ich wieder zurück bei Dir. *(Er küßt ihr die Hand.)* Du meine Schöne ... nicht satt schauen kann ich mich an Dir! *(Sieht ihr ins Gesicht.)* Mehr als fünf Jahre schon lieb' ich Dich, und noch immer ist es mir so ungewohnt, und immer schöner erscheinst Du mir. Was für ein herrliches, wundervolles Haar! Was für Augen! Ich bringe Dich morgen fort von hier, wir werden arbeiten, werden so reich sein, meine Träume werden sich verwirklichen. Du wirst glücklich sein. Nur das Eine, das Eine: Du liebst mich nicht ...

Irina. Das liegt nicht in meiner Macht. Ich werde Deine Frau sein, werde Dir treu und gehorsam sein – aber Liebe ist nicht da, was soll ich dagegen thun? *(Sie weint.)* Ich habe nie in meinem Leben geliebt. O, ich habe geträumt von Liebe, schon lange, lange, Tag und Nacht, aber meine Seele ist wie ein teures Piano, das verschlossen ist, und dessen Schlüssel man verloren hat. *(Pause.)* Du blickst so ruhelos ...

Tusenbach. Ich habe die ganze Nacht nicht geschlafen. Es giebt in meinem Leben nichts, das mich beunruhigt – nur dieser verlorene Schlüssel peinigt meine Seele und raubt mir den Schlaf ... Sag' mir doch irgend etwas ... *(Pause.)* Sag' mir irgend 'was ...

Irina. Was? Was soll ich Dir sagen? Was?

Tusenbach. Irgend etwas.

Irina. Laß gut sein! Laß gut sein! *(Pause.)*

Tusenbach. Wie doch oft eine Lappalie, eine alberne Kleinigkeit plötzlich mir nichts, Dir nichts, im Leben Bedeutung gewinnen kann! Sie erscheint Dir immer noch als Lappalie, immer noch lachst Du über sie, und doch fühlst Du deutlich, daß Du ihr gegenüber machtlos bist. Aber nicht davon wollen wir jetzt reden. Mir ist so froh ums Herz. Ich sehe gleichsam zum ersten Mal im Leben diese Tannen, diese Birken und Ahorne, und alles schaut mich so neugierig, so erwartungsvoll an. Was für prächtige Bäume, wie schön muß das Leben hier in ihrer Nähe sein! *(Ein Ruf ertönt: „Au! Hopp hopp!“)* Man ruft – ich muß gehen. Es ist Zeit ... Dort der Baum ist vertrocknet – aber er schwankt immer noch im Winde, gemeinsam mit den andern. So werde auch ich, wenn ich sterbe, auf die eine oder andere Weise am Leben teilnehmen. Lebe wohl,

meine Liebe ... *(Küßt ihr die Hände.)* Deine Papiere, die Du mir übergeben hast, liegen bei mir auf dem Tische, unter dem Kalender.
Irina. Ich will mit Dir gehen.
Tusenbach *(erregt).* Nein, nein! *(Geht rasch davon, bleibt in der Allee stehen.)* Irina!
Irina. Was?
Tusenbach *(weiß nicht, was er sagen soll).* Ich habe noch keinen Kaffee getrunken. Laß mir doch welchen kochen ... *(Rasch ab; Irina steht nachdenklich da, dann ab. Andrej kommt mit dem Wagen, darauf erscheint Ferapont.)*

6. Auftritt

Andrej, Ferapont; *dann* **Natascha** *(aus dem Fenster).*
Ferapont. Andrej Sergeïtsch, die Papiere gehören doch nicht mir, sondern dem Amt! Ich hab' sie doch nicht erfunden!
Andrej. O, wo ist sie, wohin ist sie entflohen, meine Vergangenheit – da ich noch jung, fröhlich und verständig war, da ich so herrlich träumte und schwärmte, da meine Gegenwart und meine Zukunft vom Rosenschimmer der Hoffnung verklärt wurde? Warum werden wir, wenn wir kaum zu leben anfangen, gleich so langweilig, so prosaisch grau, so uninteressant, träg, gleichgiltig, unnütz und unglücklich? ... Unsere Stadt steht schon zweihundert Jahre, sie hat hunderttausend Einwohner, und nicht ein Mensch existiert darin, der den andern nicht aufs Haar ähnlich sähe, nicht einen wagemutigen Helden hat sie hervorgebracht, weder in der Vergangenheit noch in der Gegenwart, nicht einen

namhaften Gelehrten oder Künstler, nicht eine bemerkenswerte Persönlichkeit, die bei den andern den Trieb zur Nacheiferung oder wenigstens den Neid weckte ... Nichts weiter kennen sie hier als essen, trinken, schlafen und zuletzt sterben ... und nach ihnen werden wieder andre geboren, die auch nur essen, trinken und schlafen, und um nicht ganz zu verkommen vor langer Weile, schaffen sie sich Abwechselung durch gemeinen Klatsch, durch Branntweintrinken und Kartenspiel, durch allerhand Ränke und Intriguen, die Weiber betrügen ihre Männer, die Männer aber thun, als ob sie nichts sähen und hörten, und diesem verhängnisvollen, durch und durch gemeinen Einfluß verfallen auch wieder die Kinder, in denen der göttliche Funke ausgelöscht wird, die ebenso jämmerliche, einander aufs Haar ähnliche Wichte, eben solche wandelnde Leichname werden wie ihre Väter und Mütter ... *(Zu Ferapont, ärgerlich.)* Was willst du?

Ferapont. Wie? Die Papiere sollen Sie unterschreiben.

Andrej. Du langweilst mich wirklich.

Ferapont *(reicht ihm die Papiere hin).* Hat mir da neulich der Portier vom Kameralhof erzählt, daß in Petersburg im Winter zweihundert Grad Kälte waren.

Andrej. Die Gegenwart ist so widerwärtig, – aber wenn ich dann an die Zukunft denke, wird mir plötzlich so leicht,
so frei ums Herz; ich sehe in der Ferne ein Licht schimmern, ich sehe die Freiheit, ich sehe, wie ich samt meinen Kindern erlöst werde von der Faulheit und vom Sauerbier, vom Gänsebraten mit Kohl, vom Nachmittagsschläfchen und überhaupt von diesem nichtswürdigen Müßiggang.

Ferapont. Zweitausend Menschen sollen erfroren sein. Das Volk war ganz entsetzt, sagt er. Ich weiß nicht genau, ob's in Petersburg war oder in Moskau ...
Andrej *(in einer Anwandlung von Zärtlichkeit).* Meine lieben Schwestern, meine trefflichen Schwestern! *(Unter Thränen.).* Mascha, meine Schwester ...
Natascha *(vom Fenster aus).* Wer spricht denn da so laut? Bist Du es, Andrjuschka? Du wirst Sofotschka aufwecken! Il ne faut pas faire de bruit, la Sophie est dormée déjà. Vous êtes un ours. *(Gerät in Hitze.)* Wenn Du Dich unterhalten willst, dann laß jemand anders den Wagen schieben. Ferapont, nimm dem Herrn den Wagen ab!
Ferapont. Sehr wohl. *(Faßt den Wagen an.)*
Andrej *(verlegen).* Ich sprach doch ganz leise.
Natascha *(aus dem Zimmer, ihr Söhnchen liebkosend).* Bobik! Ausgelaßner Bobik! Böser Bobik!
Andrej *(sieht die Papiere durch).* Schön, ich will's durchsehen, will unterschreiben, was nötig ist, und Du kannst dann die Sachen wieder mit aufs Amt nehmen ... *(Geht, in den Papieren lesend, ins Haus; Ferapont schiebt den Wagen in den Hintergrund des Gartens.)*
Natascha *(im Zimmer).* Bobik, wie heißt Deine Mama? Mein Lieber, Süßer! Und wer ist das? Das ist Tante Olja. Sag' mal zur Tante: „Guten Tag, Olja!“ *(Wandernde Musikanten, ein Mann und ein Mädchen, spielen auf Geige und Harfe; aus dem Hause kommen Werschinin, Olga und Anfissa, sie hören einen Augenblick schweigend; Irina kommt vom Garten her auf sie zu.)*

7. Auftritt

Olga, Irina, Werschinin, Anfissa, *dann* **Mascha.**

Olga. Unser Garten ist ein richtiger Durchgangshof, alles läuft und fährt hier durch. Altchen, gieb doch den Musikanten eine Kleinigkeit …

Anfissa *(reicht den Musikanten ein Geldstück).* Geht mit Gott, meine Lieben. *(Die Musikanten verbeugen sich und gehen.)* Elendes Volk! Wer satt ist, geht nicht spielen. *(Zu Irina.)* Gott grüße Dich, Arischa! *(Küßt sie.)* Ei, ei, Kindchen, ich hab' Dir jetzt ein Leben! Im Gymnasium bin ich, in einer Amtswohnung, mit Oljuschka zusammen – der Herr war mir gnädig auf meine alten Tage. Nie im Leben hab' ich Sünderin ein solches Leben geführt … Eine prächtige Wohnung auf Staatskosten, und ich hab' mein eigenes Zimmerchen drin und ein Bettchen. Alles auf Staatskosten. Wenn ich so aufwache in der Nacht – Herrgott im Himmel, heilige Mutter Gottes, keinen Glücklicheren kann's geben, als ich bin.

Werschinin *(sieht nach der Uhr).* Wir marschieren gleich, Olga Sergejewna. 's ist höchste Zeit für mich. *(Pause.)* Ich wünsch' Ihnen alles, alles Gute … Wo ist Maria Sergejewna?

Irina. Sie ist irgendwo im Garten … Ich geh' sie suchen.

Werschinin. . Haben Sie die Güte. Ich hab's eilig.

Anfissa. Auch ich will suchen. *(Sie schreit.)* Maschenka, au! *(Entfernt sich mit Irina nach dem Hintergrunde des Gartens; ruft hinter der Szene: „A-u! A-u!")*

Werschinin. Alles hat sein Ende. Auch wir müssen uns nun trennen. *(Sieht nach der Uhr.)* Die Stadt hat uns eine Art Abschiedsfrühstück gegeben, es wurde Champagner gegeben, das

Stadtoberhaupt hat eine Rede gehalten, ich habe gegessen und zugehört, mein Herz aber war hier, bei Ihnen … *(Läßt seinen Blick über den Garten schweifen.)* Ich habe mich hier recht eingewöhnt.

Olga. Werden wir uns noch einmal wiedersehen?

Werschinin. Ich glaube kaum. *(Pause.)* Meine Frau und meine beiden Mädchen bleiben noch zwei Monate hier; haben Sie die Güte, wenn etwas passiert, wenn etwas nötig werden sollte …

Olga. Ja, ja, natürlich. Sie können ganz beruhigt sein. *(Pause.)* Von morgen an ist nicht ein Soldat mehr in der Stadt, alles lebt nur noch als Erinnerung in uns fort. Für uns beginnt nun ein neues Leben … *(Pause.)* Alles kommt schließlich anders, als wir's uns vorstellen. Ich wollte nicht Vorsteherin werden und bin's doch geworden. Mit Moskau wird's wohl kaum etwas werden …

Werschinin. Hm … Herzlichen Dank für alles. Verzeihen Sie mir, wenn nicht alles so war … Gar zu viel hab' ich schon geredet – auch das verzeihen Sie …

Olga *(trocknet ihre Augen).* Warum nur Mascha nicht kommt …

Werschinin. Was soll ich Ihnen noch sagen zum Abschied? Wovon wollen wir philosophieren? … *(Lacht.)* Das Leben ist schwer. Es erscheint vielen von uns öde und hoffnungsleer, aber man muß doch zugeben, daß es immer klarer, immer leichter wird. Und es scheint, als ob bald die Zeit anbrechen würde, da es vollends hell sein wird. *(Er sieht auf die Uhr.)* Es ist Zeit für mich, es ist Zeit! … Früher war die Menschheit beständig in blutige Kämpfe verwickelt, ihr Hauptinteresse drehte sich um kriegerische Unternehmungen, Überfälle, Siege – jetzt hat sich das alles überlebt, und nichts als eine ungeheure, gähnende Leere ist davon

geblieben, die vorläufig noch mit nichts ausgefüllt ist; aber die Menschheit sucht eifrig nach etwas, das diese Leere ausfüllen könnte, und sie wird sicher etwas finden. Ach, wenn's doch nur recht bald wäre! *(Pause.)* Wenn man so, wissen Sie, zum Arbeitsdrange die Bildung
und zur Bildung den Arbeitsdrang gesellen könnte ... *(Sieht nach der Uhr.)* Jetzt ist's aber höchste Zeit ...

Olga. Da kommt sie! *(Mascha kommt vom Garten her.)*

Werschinin. Ich kam, um Abschied zu nehmen ... *(Olga geht auf die Seite, um die Abschiedsszene nicht zu stören.)*

Mascha *(sieht ihm ins Gesicht).* Leb' wohl ... *(Ein langer Kuß.)*

Olga. Genug, genug!

Mascha *(schluchzt heftig).*

Werschinin. Schreib' mir! ... Vergiß mich nicht! Laß mich jetzt gehen ... es ist Zeit ... Olga Sergejewna, nehmen Sie sich ihrer an ... ich muß fort ... hab' mich verspätet ... *(Gerührt, küßt Olgas Hände, dann umarmt er Mascha noch einmal und eilt rasch davon.)*

Olga. Genug, Mascha! Hör' auf, meine Liebe ... *(Kulygin tritt auf.)*

8. Auftritt

Olga, Mascha, Kulygin; *dann* **Irina;** *noch später* **Natascha** *und das* **Stubenmädchen.**

Kulygin *(in verhaltener Erregung).* Nicht doch, laß sie, laß sie ruhig weinen ... Meine schöne Mascha, meine gute Mascha ... Du bist meine
Gattin, und ich bin glücklich, was auch geschehen sein mag ... Ich klage Dich nicht an, mache Dir keine Vorwürfe – Olga ist Zeugin ...

Wir wollen jetzt wieder leben wie früher, und nicht ein Wort, nicht eine Anspielung sollst Du von mir hören.

Mascha *(mit verhaltenem Schluchzen).* "Ein Eichbaum steht am Meeresstrande, ein goldnes Kettlein hängt daran ... ein goldnes Kettlein hängt daran" ... Ich werde verrückt ... am Meeresstrande ... ein goldnes Kettlein ...

Olga. Beruhige Dich, Mascha ... Beruhige Dich ... Gieb ihr Wasser.

Mascha. Ich weine nicht mehr ...

Kulygin. Sie weint nicht mehr ... sie ist gut ... *(Man hört in der Ferne einen Schuß fallen.)*

Mascha. "Ein Eichbaum steht am Meeresstrande, ein goldnes Kettlein hängt daran" ... Goldnes Kätzlein ... goldnes Kettlein ... ich bin ganz wirr ... *(Trinkt Wasser.)* Ein verfehltes Leben ... Jetzt hab' ich keine Wünsche mehr ... Gleich bin ich ganz beruhigt ... 's ist alles egal ... Am Meeresstrande ... warum geht mir das Wort nicht aus dem Kopfe? Meine Gedanken laufen durcheinander. *(Irina tritt ein.).*

Olga. Beruhige Dich, Mascha. Sei hübsch vernünftig ... Komm, wir gehen ins Zimmer.

Mascha *(entrüstet).* Ich geh' nicht da hinein! Laß mich! *(Schluchzt auf, hält jedoch gleich wieder an sich.)* Nie mehr betret' ich dieses Haus, niemals!

Irina. Laßt uns noch ein Weilchen zusammen sitzen, wenn auch schweigend. Morgen muß ich ja fort ... *(Pause.)*

Kulygin. Gestern hab' ich einem Jungen in der dritten Klasse diesen Bart abgenommen ... *(Setzt sich einen künstlichen Schnurr-*

und Backenbart auf.) Ganz unserem deutschen Sprachlehrer ähnlich – nicht wahr? *(Lacht).* Spaßige Einfälle haben diese Jungen.
Mascha. Wirklich – ganz wie unser Deutscher!
Olga *(lacht).* Ja!
Mascha *(weint).*
Irina. Hör' schon auf, Mascha!
Kulygin. Sehr ähnlich ... *(Natascha kommt heraus, hinter ihr das Stubenmädchen.)*
Natascha *(zum Stubenmädchen).* Was? Bei Sofotschka wird Protopopow bleiben, und mit Bobik kann Andrej Sergeïtsch spielen, er kann ihn ein Bißchen herumfahren. Was man für Sorgen hat mit den Kindern! ... *(Zu Irina.)* Irina, Du fährst morgen weg – wie schade! Bleib' doch noch wenigstens eine Woche! *(Sieht Kulygin, kreischt auf; Kulygin lacht und nimmt den Bart ab.)* Nein, über Sie! Wie konnten Sie mich so erschrecken! *(Zu Irina.)* Ich habe mich an Dich gewöhnt – denkst wohl, es wird mir leicht, mich von Dir zu trennen? In Deinem Zimmer bring' ich jetzt Andrej mit seiner Geige unter – dort kann er sägen, so viel er will. Und sein Zimmer richten wir für Sofotschka ein. Ein wundervolles Kind! Was für ein Mädchen! Heut' sah sie mich mit ***solchen*** Augen an und sagte: „Mama!"
Kulygin. Ein hübsches Kind, ganz gewiß.
Natascha. Morgen bin ich also schon ganz allein hier ... *(Seufzt.)* Ich lasse vor allem die Tannenallee abhauen, dann den Ahorn da ... des Abends sieht er so häßlich aus ... *(Zu Irina.)* Meine Liebe, dieser Gürtel steht Dir gar nicht ... so geschmacklos! Du mußt etwas Helleres tragen. Und hier laß' ich überall Blumen

pflanzen – Blumen, es wird duften ... *(Streng.)* Warum liegt die Gabel dort auf der Bank herum? Während sie ins Haus geht, zum Stubenmädchen. Warum liegt die Gabel da auf der Bank, frag' ich? *(Schreit.)* Maul gehalten!

Kulygin. Nun ist sie aus dem Häuschen.

Hinter der Szene spielt eine Militärkapelle einen Marsch; alle hören zu.)

9. Auftritt

Olga, Mascha, Irina; *dann* **Tschebutykin.**

Olga. Sie ziehen ab.

Mascha. Die Unsrigen ziehen ab. Na, meinetwegen ... Glückliche Reise! *(Zu ihrem Gatten.)* Wir wollen nach Hause ... Wo ist mein Hut und mein Umhang?

Kulygin. Ich hab' sie hineingetragen ... Ich will sie gleich holen ... *(Ab ins Haus.)*

Olga. Ja, jetzt können wir alle nach Hause gehen. Es ist höchste Zeit. *Tschebutykin tritt auf.)*

Tschebutykin. Olga Sergejewna!

Olga. Was giebt's?

Tschebutykin. Nichts ... ich weiß nicht, wie ich's Ihnen sagen soll ... *(Flüstert ihr etwas ins Ohr.)*

Olga *(erschrocken).* Nicht möglich!

Tschebutykin. Ja ... eine traurige Geschichte ... Ich bin so angegriffen, so erschöpft ... Möcht' nicht weiter davon reden ...

Mascha. Was ist geschehen?

Olga *(umarmt **Irina**).* Das ist heut' ein schrecklicher Tag … Ich weiß nicht, wie ich Dir's sagen soll, meine Teure …
Irina. Was? Sagt es rasch – was ist geschehen? Um Gotteswillen! *(Weint.)*
Tschebutykin. Der Baron ist im Duell getötet worden.
Irina *(weint leise).* Ich wußt' es, ich wußt' es!
Tschebutykin. *(setzt sich auf eine Bank im Hintergrunde).* Ich bin ganz erschöpft … *(Nimmt eine Zeitung aus der Tasche.)* Mögen sie sich ausweinen … *(Singt leise: Tarara bumbia … sei nur kein Lump, ja …)*
(Die drei Schwestern stehen da, eng aneinander geschmiegt.)
Mascha. Hört, die Musik! Sie verlassen uns … Der eine hat uns für immer verlassen – für immer, auf Nimmerwiedersehen … Wir sind allein zurückgeblieben … Wir müssen leben, leben …
Irina *(legt ihren Kopf an Olgas Brust).* Es wird eine Zeit kommen, da alle klar sehen werden, da es keine Geheimnisse mehr geben wird. Vorläufig aber heißt es arbeiten, nur arbeiten! Morgen fahr' ich von hier weg – allein, nach meiner Dorfschule. Mein ganzes Leben werd' ich denen weihen, die seiner bedürfen.
Jetzt ist Herbst, bald wird der Winter kommen, wird alles mit Schnee bedecken – und ich werde arbeiten, arbeiten …
Olga *(legt ihre Arme um beide Schwestern).* Die Musik spielt so lustig und vergnügt, man spürt förmlich die Lust zu leben! O mein Gott! Eine kurze Spanne Zeit wird vergehen, und wir werden für immer davongehen, man wird uns vergessen, wird unsre Gesichter, unsre Stimmen vergessen, wird vergessen, wie viel unser waren, – aber unsere Leiden werden sich in Freude wandeln für jene, die

nach uns leben werden. Glück und Friede wird auf Erden sein, und man wird derer, die jetzt leben, in Dankbarkeit gedenken und sie segnen. O, meine lieben Schwestern, unser Leben ist noch nicht zu Ende! Wir werden leben! Die Musik spielt so lustig, so freudig, und es ist, als ob es nur kurze Zeit noch dauern könne, bis wir erfahren, warum wir leben, warum wir leiden ... Wenn wir's doch wüßten, wenn wir's doch wüßten!

(Der Vorhang fällt.)